JN032614

WIZARD

桁外れの投資家たち

ほかのだれもやらない、
成功した投資家たちだけがやっていること

Outlier Investors

What Successful Investors Do
(That Everyone Else Doesn't)

by Danial Jiwani

ダニアル・ジワニ[著]　長岡半太郎[監修]　藤原玄[訳]

Pan Rolling

監修者まえがき

　本書は、Strategy＆社（旧ブーズ・アレン・ハミルトン）のアソイエイトで、投資関連の著作があるダニアル・ジワニの著した"Outlier Investors : What Successful Investors Do (That Everyone Else Doesn't)"の邦訳である。これは投資対象の企業を評価するときの桁外れの投資家たちのモノの見方・考え方を解説したものである。

　優れた投資家は、同じ状況や対象でも一般投資家とは異なった視点で判断し、ほかとは違った結論を下す。だから普通の人から見ると、彼らの思考過程は異様に思えるし、一般に受け入れられる機会も少ない。その行動が理解され称賛を浴びるのはずっとあとになって、結果が出てからのことだ。彼らは永遠の異邦人なのである。だが、市場での資産運用やトレードは少数派に有利なゲームだから、それは賢者の必要条件でもある。

　本書は株式投資の本としては異質かもしれないが、紹介された技法自体は社会科学上の調査・分析の方法論の範囲内にあり、MBA（経営学修士）やMOT（技術経営）の課程で学んだことのある方ならば、すでになじみのあるものだ。考えてみれば、本書で名前が挙がった高名な投資家の多くはビジネススクール出身であり、彼らが大学院で修めたメソッドを投資活動でも使っているという理解は自然なことなのかもしれない。

　著者の功績は、それらのエッセンスを一般投資家にも分かりやすい形で解説したこと、そして特異な投資家とは、科学的に確立された技法を使うという当たり前のことを普通にできる人間のことであ

1

るということを暗に示したことである。

　ところで、本書は「投資はとても難しいものである」という主張から始まっている。私は昔、資産運用会社の社長をされていた尊敬する先達に「投資なんて、そう簡単に失敗するものではないよ」と言われて戸惑ったことをよく覚えている。だが、あれから長い年月がたった今、投資はけっして難しいものではないと私も思う。それは例えて言えば、自動車の運転のようなもので、素のままでできるほど簡単ではないが、正しく学べばだれにでも習得できる技術であって、自分自身の性格や属性をよく理解し、客観的に物事が捉えられる人ならば、だれでも問題なく行うことができる。本書で紹介されたモノの見方・考え方は、そのためのヒューリスティクス（世界を理解するための経験に基づいたおおよそのルール）を身に付けるための第一歩である。

　翻訳にあたっては以下の方々に心から感謝の意を表したい。著者の若い文章にもかかわらず本書の内容が素晴らしく感じられるのは、豊富な経験と知識のある金融マンで、かつ探求心旺盛な教養人でもある翻訳者の藤原玄氏による丁寧な訳文の貢献が大きい。そして阿部達郎氏は丁寧な編集・校正を行っていただいた。また本書が発行される機会を得たのはパンローリング社社長の後藤康徳氏のおかげである。

2024年1月

　　　　　　　　　　　　　　　　　　　　　　長岡半太郎

目次　　　　　　　　　　　　　　　　　　　　　CONTENTS

外れ値（out·li·er）

----

1. 本体またはシステムから離れた者や物
2. 特定の集団や集合体を構成するすべてのものとは異なる者や物

投資家（in·vest·or）

----

1. 利益を獲得することを期待して、財務計画や資産などに資金を
   投じる個人や組織

まえがき

　投資に興味を持ち始めた中学1年生のとき、私は初めて買う株式を探していた。当時は銘柄をスクリーニングする方法を知らなかったので、投資アイデアを生み出そうとオンラインの記事を読んでばかりいた。

　ある記事が、GE（ゼネラル・エレクトリック）と呼ばれる企業は2つの理由から健全な投資対象だと伝えていた。第1に、株価が下落していた。それまでGEは250ドルほどで取引されていたが、1年後は190ドルとなっていた。記事によれば、株価の下落で、「安く買い、高く売る」チャンスが生まれていた。第2は、GEは素晴らしい企業だった。同社は1000億ドルを超える売上高を誇る巨大ブルーチップ企業だった。100年を超える歴史もあった。したがって、安全な投資対象に違いないというわけだ。

　私はGEを190.48ドルで数株買うことにした。

　その後、株価は180ドルまで下落した。「心配ない」と自らに語りかけた。おそらく、株価はすぐに回復するだろう。

　その後、株価は140ドルとなった。「たぶん、市場は少しばかり感情的になっているんだ」と自らを慰めた。

　それから、株価は100ドルまで下落した。「皆が恐れを抱いているときこそ貪欲であれ」

　そして、60ドルまで下がった。「自分は何をやっているのか分かっていないかもしれない」と思った。

　私は、GEに投資しなかったお金を使って、投資に関する本を何冊か買うことにした。そうすれば、投資について学べるだろう。

それら多くの本のまえがきには、気前の良い約束が記されていた。投資は簡単だと記したものもあった。彼らはこう言っていた。「人々は、銘柄選択は難しいと考えている。だが、実際にはそうではない。私のシンプルな戦略に従い、PER（株価収益率）が低く、利益率の高い大手有名企業を買いさえすればよい」

　投資には少しばかりの時間を割けば十分だと言うものもあった。「はるか昔、投資には多くの作業が必要だった。投資家たちはコンピューターを持っていなかったので、何百もの銘柄を手作業でスクリーニングしなければならなかった。だが、今日、われわれには最も魅力的な投資機会のリストを生み出すことができる株式スクリーナーがある。買いたいと思う銘柄の簡単なデューデリジェンスさえすればよい。それだけだ。それであなたはS&P500をアウトパフォームすることができるだろう」

　当初、私はこれらの主張を信じていた。投資は簡単だと主張する本を何冊も読み、投資に手間はかからないと主張する広告に出くわし、そしてウォーレン・バフェットの成功を容易に再現できると主張する権威あるメディアに遭遇したら、そのような考えは社会的証明を得ることになる。そのため、それらを私は信じるようになってしまった。「だれもが投資は簡単だと言うならば、難しいわけがない」

　だが、時がたつとともに、私は人々が言うほど投資は簡単ではないことを学んだ。考えてみればよい。株式市場には何千、何万もの投資家があふれている。この投資家たちが絶えず市場を観察している。彼らの多くは何十年にもわたり銘柄選択を行ってきた経験を持つ。彼らは割安な銘柄を探すために、自分よりもはるかに多くの時間を費やしているかもしれない。つまり、投資で成功するためには、競争力あるウォール街のプロたちよりも優れていなければならない。

そうでないならば、彼らは自分よりも先に最良の投資機会を見いだすだろうし、自分たちを圧倒することだろう。私の大学の教授であるエクセル氏はかつて学生たちに次のように語った。「市場をアウトパフォームするのは容易ではない。なぜなら、競争が極めて厳しいからだ」

投資は容易ならざるものであるにもかかわらず、インフルエンサーやメディア各社やウェブサイトや本など多くの情報源が、投資は会社組織の経営目標の達成を手助けするのだから簡単だと主張している。

少し考えてみればよい。

「投資はとても難しく、時間がかかる」と主張するウェブサイトなどだれも見ないだろう。それは魅力的なストーリーではない。メディア企業にお金をもたらすストーリーは次のようなものだ。「昨年、私は1つのトレーディングパターンに従い、どのようにバフェットをアウトパフォームしたか」。これなら、人々はクリックするだろう。

インフルエンサーの売り込み文句が「優れた投資を行うためには十分な時間をかける必要がある」だとしたら、だれも彼らの講座にお金を払ったりしない。売れるのは「昨年資金を2倍にした公式がある」というものだ。

同じ現象が出版業界でも起こっているが、こちらはもっと分かりにくい。読者たちは「シンプルな戦略」を教え、「簡単に市場をアウトパフォームする」ことを約束する投資本に魅了される。そして、著者にしてみれば、読者に「一獲千金をもたらす」戦略を示すことが合理的となる。そうすれば読者を幸せにでき、肯定的な書評を得て、売り上げも伸びるのだ。

だが、そのような本が必ずしも成功に必要な見識をもたらすわけ

ではない。筆者はシンプルかつ容易に実行できるアイデアを提示したいだけなので、中身のない投資哲学を伝えるばかりとなることが多い。だが、結局のところ売れるのはそのような本だ。

　もちろん、読者にとって良いことではない。中身のない情報を学んでも投資判断を下す能力は改善しない。さらには、意思決定のプロセスを改善する投資手法の多くはそれを実践する読者に努力を求めるものなので、それについては語らない本もある。それらの著者たちは物事をなるべくシンプルにしたいので、成功に必要な情報を共有しないことがある。

　だが、本書は中身のない投資の枠組みを提供するものではない。本書は売り上げを上げるために情報を過度に簡略化することはしない。その代わり、できるかぎり分かりやすくしたいと思う。投資に関する見識がシンプルで実践しやすいものであっても、それが投資の能力を真に改善するものではないとしたら、取り上げるつもりはない。読者に努力を求めるものであっても、銘柄選択の能力を大いに改善する見識であれば、たとえ書評を犠牲にしてでも取り上げるつもりだ。投資が難しいものならば、本書は明確にそう伝える。それこそが読者のためになることであり、正しい行動だと私は信じているからだ。

本書の目的

　ほとんどの投資家が市場を一貫してアウトパフォームすることはない。

　これは個人投資家だけでなく、プロの投資家にも言える。

　CNBCによれば、過去10年余りで、大型株のアクティブ運用を行

うファンドの85％ほどが市場をアンダーパフォームしていたという。

実際に、これはほとんどの投資家が知っている統計データだ。

だが、彼らは、自分たちは市場をアウトパフォームできる少数派だと信じているので、市場をアウトパフォームしようと試みる。

彼らは、バフェットのような市場をアウトパフォームしてきた投資家の戦略を学んでいるので、自分たちは少数派に属していると考えている。例えば、そのような投資家の多くは『**賢明なる投資家**』（パンローリング）などの有名な本を読み、ピーター・リンチやレイ・ダリオやモニッシュ・パブライのような世界的に知られた投資家たちの講演の記録を視聴し、バフェットの投資哲学の原理を理解しようとする。要するに、「最も偉大な投資家たちのレッスンを学べば、必ず彼らの成功を再現できるはずだ」というわけだ。

だが、ほとんどの投資家が世界のバフェットの成功を再現できない。

これについて考えてみよう。私はいくつかの主要な投資信託のパフォーマンスに注目した。これらすべてのファンドの投資哲学がバフェットの哲学を基礎としている。実際に、それらファンドのいくつかは、『**賢明なる投資家**』と、バフェットが株主に宛てた手紙をすべて読んでいる者しか採用していないと言われている。

だが、概して彼らはほかの者たちと同じようにアンダーパフォームしていることが分かる。アウトパフォームしているとしても、手数料を差し引いたあとではそれほど大きなアウトパフォームではない。

例えば、ファンドＡは集中型のファンドだ。つまり、最良の投資アイデアにより多くの資金を投じ、リターンを最大化するべく分散を抑えている。また、ファンドＡはバフェットの投資哲学を熱心に

学んでいる者しか採用しないと言われている。

　彼らは手数料を考慮する以前にアンダーパフォームしていた。多額の手数料を差し引く前で、彼らは過去10年間に年率12.29％のリターンを上げたが、同期間のS&P500（金融業界のベンチマーク）のリターンは12.96％だった。

　では、ファンドBについて考えてみよう。これは有名な「バリュー型ファンド」で、ファンドAと同様に集中型のファンドだ。さらに、投資業界では、バフェットの忠実な信奉者たちを引きつけていることで知られている。実際に、私はこの会社で働くことが夢だという人物を何人か知っている。だが、彼らの国内型ファンドのすべてが市場にアンダーパフォームしてきた。最良のパフォーマンスを上げた国内型ファンドの過去10年間のリターンは巨額の手数料を差し引く前で10.70％だったが、S&P500のリターンは12.96％だった。

　これらの例はアノマリーではない。同じようなファンドがほかにもたくさんある。**図表I.1**に、いくつかの大手運用会社のパフォーマンスを取り上げた。これらの運用会社はバフェット同様の投資哲学を持っていると自らを売り込んでいる。だが、ご覧のとおり、彼らはS&P500をほとんどアウトパフォームしていない。

　これらのデータから得られる論理的な結論は、市場をアウトパフォームするのは不可能だということだろう。これは効率的市場仮説——割安な銘柄を見いだし、市場をアウトパフォームするのは本質的に不可能だとする金融理論——を支持する者たちが主張するところである。

　表面上、この結論はまったく非合理ではない。市場をアウトパフォームするのはほとんど不可能であることを示すデータはたくさんある。プロの投資家の多くが市場にアンダーパフォームしている。

図表I.1　ウォーレン・バフェットを信奉する者たちの多くはS&P500 にアンダーパフォームしている

2022年第2四半期までの10年間のリターン（％、手数料控除前。
ファンド名を保護するために出所は省略）

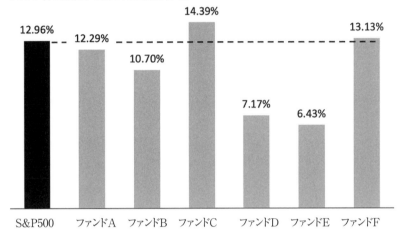

バフェットの信奉者でさえもその多くはアンダーパフォームしている。「バフェットの哲学を実践するプロも含めた皆がアンダーパフォームするならば、アウトパフォームするのは不可能に違いない」

　だが、例外が存在する。一部の投資家、桁外れの投資家たちは一貫して市場をアウトパフォームしている。そのような例外の１人がルー・シンプソンだ。1979年、バフェットはガイコのファンドマネジャーとしてルー・シンプソンを採用した。その後、ルー・シンプソンは驚異的なトラックレコードを残した。1980年から2004年までに、ルー・シンプソンは年20.3％のリターンを上げたが、一方でS&P500は年13.5％だった。言い換えれば、彼は年７％ほどS&P500をアウトパフォームしたのだ。そのうえ、これほどのアウトパフォームを20年以上にわたって続けた。これは統計的にも有意なトラッ

クレコードだ。

　では、バフェットが経営するバークシャー・ハサウェイについて考えてみよう。1964年から2021年までに、バークシャー・ハサウェイは全体で364万1613％のリターンを上げたが、一方でS&P500はたった３万0209％だった。その間、バフェットとチャーリー・マンガーは個人資産のほとんどをバークシャー・ハサウェイの株式として保有していたので、２人とも市場をアウトパフォームできた。

　もう１つの例が、フィデリティのマゼラン・ファンドを13年にわたり運用したピーター・リンチだ。その間、彼は年29.2％のリターンを上げたが、これはS&P500の２倍以上だ。

　したがって、市場を一貫してアウトパフォームするのは不可能だというのは正しくないだろう。ルー・シンプソン、バフェット、ピーター・リンチといった市場を一貫してアウトパフォームする例外が存在する。

　市場をアウトパフォームするために、世界のバフェットたちはほかの者たちとは異なるやり方をしている。例えば、バフェット、シンプソン、ビル・アックマン、モニッシュ・パブライ、ピーター・リンチといった多くの著名投資家たちは、ほとんどの投資家は分散をしすぎていると考えている。そのため、彼らは集中した株式ポートフォリオを保有することを推奨している。とりわけ、バフェットはポートフォリオに３銘柄だけあれば完全に安心していられると述べている。そうすることで、彼は最良のアイデアに資金を集中させ、長期的なリターンを高めている。これは、あらゆるセクターや業界にイクスポージャーをとった分散したポートフォリオを保有したがる多くの投資家とは異なる哲学だ。

　もう１つ、桁外れの投資家たちのやり方が異なることで知られて

いるのが、ボラティリティとリスクの区別だ。とりわけ学界には、ボラティリティ（株価がどの程度上下動するか）を株式のリスクと定義すると言う者がいる。簡単に記せば、彼らは、株価の変動が大きければ大きいほど分布の幅は広くなるので、ボラティリティの高い銘柄ほど不確実性が高いと言う。つまり、株価の変動が大きいと、大きく上昇することもあれば、大きく下落することもある、と。したがって、彼らは、ボラティリティはリスクと同じであると言うわけだ。だが、桁外れの投資家たちは異なる考え方をする。バフェットやリンチなどの投資家は、リスクをボラティリティで測るべきではないと主張する。そうではなく、事業のリスク、つまり企業の競争力が弱まるリスクをもって測るべきだと彼らは述べている。

　ほかの者たちとは異なる成功を収めている投資家の方法論を学ぶために、ほとんどの人々が名のある投資本をたくさん読んでいる。『**賢明なる投資家**』『**週15分の株式投資で大金持ちになる！──ルールNo.1投資法**』（アスペクト）『**ピーター・リンチの株で勝つ──アマの知恵でプロを出し抜け**』（ダイヤモンド社）『**ダンドーのバリュー投資──低リスク・高リターン銘柄の発見術**』（パンローリング）といった類いだ。「要するに、成功している投資家がアウトパフォームする方法が詳細に分かれば、自分も容易にアウトパフォームできるだろう。リンチの『ピーター・リンチの株で勝つ』やバフェットの投資哲学を形作った『**賢明なる投資家**』を読めば、間違いなく自分も彼らと同じようにアウトパフォームできるはずだ」

　だが、そのようにはならない。ほとんどの投資家がそれらの本の多くを読んでいる。だが、データが示すように、彼らが大きくアウトパフォームすることはない。１〜２％アウトパフォームすることはあるが、バフェットやリンチのような人たちのアウトパフォーマ

ンスの水準には遠く及ばない。

　著名な投資本のすべてを読んでも多くの投資家はアウトパフォームできないという事実から、投資に関する重要な考えはいまだ書き記されてはいないことが分かる。これらの本にアウトパフォームするための鍵のすべてが記されていたならば、そこから得られる教訓を用いさえすれば、簡単にアウトパフォームしただろう。だが、ご承知のとおり、ほとんどの投資家はそれらの本を読んだあとでもアウトパフォームしていない。

　そこに本書の目的がある。私は本書で成功している投資家が（ほかの者たちがしていない）何をしているかを説明することを目的にしている。特に、主要な投資本が十分に取り上げてこなかった、桁外れの投資家たちがほかの者たちとは異なるやり方をしていることを説明することを目的にしている。

　では、成功している投資家が行っていて、ほかの者たちが行っていないすべてのことを取り上げるのだろうか。おそらく、そのようにはならない。

　桁外れの投資家たちの異なる考え方についてすべてを学ぶのは不可能だ。当然ながら、成功している投資家の多くが自分たちの知っていることのすべてを共有したがらない。例えば、バフェットは最近、どうしてファンドマネジャーのテッド・ベルヒャーやトッド・コームはバークシャー・ハサウェイの年次総会に姿を現さないのかと問われた。それに対してバフェットは彼らがすべての者たちに銘柄選択について教えることを望んではいないと述べた。

　　テッド・ベルヒャーとトッド・コームの2人はものすごく忙しい。それが1つの理由だ。私は人々に株式のことで彼らを煩わ

せてほしくない……彼らが自分たちと競争する方法をほかの人たちに教えに出向く理由などない。

そのため、たとえ私が世界のバフェットたちが過去に書いたことや話したことのすべてを調べても、投資に関する細かいことは分からないだろう。

本書は、たった15分の努力で次なるホームラン銘柄を選び出すことを可能にするような魔法の公式を共有するのだろうか。間違いなくそうではない。前述のとおり、優れた投資を行うにはちょっとした努力では足らない。投資がそれほど簡単なのだとしたら、ほとんどすべてのアクティブ運用のファンドがアンダーパフォームすることはないだろう。

だが、本書は賢明な投資判断を下す能力を大幅に改善することはできる。本書では成功している投資家がやっているが、ほかの者たちはやっていないことのいくつかを分析する。

第1章では、なぜマンガーがアップルのようなシンプルな事業を「理解」していないと言うのか、そして、なぜバフェットはホックシールド・コーン（シンプルな百貨店）を理解していないと言うのかを説明する。

第2章では、ニック・スリープがどのように「コンピタンスの第2層を構築」し、当時まだ創業まもない時期にあったアマゾンがやがて世界を変えることを見いだしたのか、そして、どのようにして安心してアマゾンに純資産の70％を集中させ、自らのファンドが900％を超えるリターンを獲得することを可能にしたのかを説明する。

第3章では、市場で何が起きているのかを詳しく調査するのは、

潜在的に後ろ向きの投資手法となる理由を説明する。

第4章では、桁外れの投資家たちが株式を調査するために年次報告書や業界のリポートや決算説明会の記録を読むだけではない理由、そして、彼らが行っていることを取り上げる。

第5章では、リスクを最少化するために、「安全域」だけでは不十分な理由を明らかにする。

第6章では、徹底したデューデリジェンスを行っても、投資のリスクはおおよそ明らかにはならない理由を説明する。

第7章では、バフェットがよくマクロ経済の情報を無視する理由、その代わりに彼が注意していることを説明する。

第8章では、優れた経歴書には「多くの数字や能動態」がある必要はないことを、私がどのように学んだか、そして、私がそこから、桁外れの投資家たちが市場に関するコントラリアン的な意見を構築する方法について学んだことを説明する。

第9章では、どうしてバフェットは「たった5分」で投資判断を下すことができるのか、そして、同様のテクニックをどのように投資に適用できるかを明らかにする。

要するに、本書を読めば、読者の方々は桁外れの投資家たちに一歩近づけるのだ。

第1部
桁外れの投資家たちは利益をどのように評価するか

HOW OUTLIERS EVALUATE REWARD

第1章
だれもコカ・コーラを理解していない

No One Understands Coca-Cola

　ウォーレン・バフェットとバークシャー・ハサウェイを共同で経営しているチャーリー・マンガーは、自身が会長を務めているザ・デイリー・ジャーナルの2019年の年次株主総会に参加した。

　総会の途中、熱心な投資家がバークシャー・ハサウェイはすでに大きな持ち分を有しているアップルに、さらに資金を投じる可能性はあるのかとマンガーに質問した。

　これに対するマンガーの回答は次の2つのうちのいずれかだと思うだろう。つまり、「われわれは、アップルは買い時だと考えているので、継続的に買い増すだろう」「買い増すつもりはない。なぜなら良い買い時ではないからだ」。

　だが、マンガーの回答はいずれでもなかった。

　彼は、自分はアップルを理解していないと述べることで、投資家たちを驚かせた。

　私はとても意固地な人間で、知識も多い。だが、何でも知っているわけではない。アップルは好きだが、自分が「アップルの」専門家だとは思っていない。

　もちろん、理解している企業に投資することは重要であることに変わりはない。年29％を超えるリターンを13年にわたって生み出してきた桁外れの投資家であるピーター・リンチが「何を買っているか、どうして買っているかを理解しなければならない」と述べたのは有名だ。彼がそう言った理由はシンプルだ。自分が理解していないバイオテクノロジーや半導体の企業への投資を始めれば、資金を失うことになる。その場合、その事業が長期的に成功するかどうか正確に評価できないからだ。これは理解している事業には当てはまらない。1つの例として、ケチャップを製造しているクラフト・ハインツを取り上げよう。クラフト・ハインツのビジネスモデルを理解し、同社が競争力ある製品を有していることはすぐ分かる。バイオテクノロジー企業が明日営業しているかどうかさえ分からないのとは異なり、クラフト・ハインツが明日もケチャップを販売していることはかなりの確かさで分かる。そのため、バイオテクノロジー企業が成功するかどうかよりも、クラフト・ハインツの事業が成功するかどうかのほうがはるかに正確に予想できる。

　だが、マンガーの回答は重要な疑問を提起する。つまり、なぜ彼はアップルを理解していると言わなかったのか、だ。

　彼がビットコインは分からないと言ったのであれば、理解できる。

　そして、バイオテクノロジーのスタートアップ企業は分からないと言っても、理解できる。

　だが、どうしてアップルを理解していないと言ったのだろうか。

　アップルの製品は極めてシンプルだ。iPhoneが何かについて困惑する人はいないと思う。

　アップルの競争上の立場も分かりやすい。アップルに支配的なブランド力や製品があることを疑問に思う人はいないだろう。

アップルの事業が劇的に変動することはない。スタートアップ企業であれば、ある日爆発し、翌日崩壊することもあるかもしれないが、アップルには長きにわたって、安定的に利益を生み出してきた歴史がある。

そして、マンガーがその発言をしたのは、iPhoneがまだ目新しかった2000年代初頭のことではないことを思い出してほしい。

極めてシンプルな事業も実際には理解するのが極めて難しい場合もあることを多くの人々が気づいていない。

その完璧な例がコカ・コーラだ。

多くの人々の基準から見ても、コカ・コーラの事業は容易に理解できるシンプルなものだ。ほとんどの人々は、コカ・コーラの製品、彼らがだれにコーラを売っているか、主たる競合他社はどこか、そしてそれ以外の多くの要素を理解している。

だが、多くの人々はコカ・コーラを十分に理解していないことに気づいていない。特に、多くの人々は、コカ・コーラがペプシよりも競争力がある理由をよく理解していない。どうしてそう言えるのだろうか。私はコカ・コーラがペプシよりも強いと考える理由を人々に問うてきた。それに対して、彼らが言及する理由はたいていは不正確なものだ。

投資家がコカ・コーラの株式を買う理由は、同社には驚異的な商品があることだ。素晴らしい商品であることに疑問の余地はない。おいしいし、クセになり、サッパリする。人々が飲み物に求める特徴（健康に良くないという事実を除く）をすべて兼ね備えている。

だが、コカ・コーラにはより優れた商品があるので、同社はペプシよりも強力なのだと言うのは間違いだ。客観的に見て、コカ・コーラの商品がペプシよりも優れているわけではない。実際に、多く

の消費者はペプシとコカ・コーラの味の違いが分からない。私の経験から言っているのではない。これは調査の結果である。ある研究者たちがブラインド・テイスト・テストを行い、参加した人々にコカ・コーラやペプシなどさまざまなコーラを飲んでもらった。ブラインド・テイスト・テストだったので、参加者たちは自分たちが実際にどのブランドのコーラを飲んでいるのか知らない。参加者がコーラを飲み終えると、研究者たちは彼らに「いま飲んだのはどのコーラですか」と尋ねた。これに対して、参加者たちは実際に自分たちがどのコーラを飲んだのか分からなかった。ペプシを飲んだ参加者の55％はコカ・コーラか別のブランドを飲んでいると思った。コカ・コーラを飲んだ参加者の41％はペプシを飲んでいると答えた。したがって、コカ・コーラはペプシよりもはるかにおいしいと結論するのは間違いだろう。多くの消費者にとって、両者に味の違いはほとんどないのだ。

　コカ・コーラのほうが顧客ロイヤルティーが強いので、同社はペプシよりも競争力が高いと言う投資家もいる。例えば、かつて、ある有名な「バリュー投資家」（匿名にしたいと思う）は、コカ・コーラが「強力なブランド」である理由は、顧客が「熱狂的な愛着」を持ち、それが「顧客がほかのブランドに乗り換えることをとても難しくしている」からだと述べた。だが、コカ・コーラの顧客の大半は、「乗り換える」ことが「とても難しい」「熱狂的な愛着」を抱いているファンではない。データを見れば分かる。TNSはコカ・コーラの顧客たちのブランドロイヤリティーに関する調査を行った。彼らはコカ・コーラの顧客が「熱狂的な愛着」を持ち、「ペプシを飲みたがらない」ことを見つけだしたのだろうか。まったく違う。彼らの調査結果は正反対だった。調査によれば、コカ・コーラの顧

図表1.1　コカ・コーラの顧客はコカ・コーラに忠実ではなく、ペプシ などの競合ブランドも飲んでいる

分析対象期間に通常はコカ・コーラを購入する人が競合ブランドを購入する割合（%）

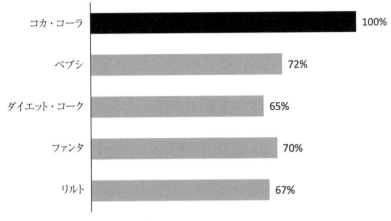

出所＝TNSの「How Brands Grow」のデータ

客の72%が分析対象期間中にペプシも飲んでいた。したがって、コカ・コーラは顧客を囲い込むような、ロイヤリティーの高い顧客層を構築しているので、ペプシよりも競争力が高いと結論するのは間違いだ。そのようなことはない。むしろ、コカ・コーラの顧客層は不実にも競合他社の商品を手にすることが多かった。

　次に、コカ・コーラのブランドの位置づけが競合他社とは異なると言う投資家もいる。要するに、「コカ・コーラが毎年何十億ドルもの広告費を費やすのは何か別の理由があるのだろうか。同社はペプシと同じようなやり方をしたくないに違いない」というわけだ。だが、ここでもまた、データは違うことを語っている。市場調査で世界的に知られるバイロン・シャープは、購入者がブランドを競合他社の製品とは異なるものと認識しているのかどうかを把握したい

図表1.2　コカ・コーラのブランドは競合他社と変わらない

ブランド	違う	独特	どちらも
コカ・コーラ	8%	13%	19%
ダイエット・コーク	9%	8%	15%
ペプシ	7%	10%	15%
ファンタ	8%	5%	12%
カナダ・ドライ	10%	9%	17%

と考えた。そこで、彼は消費者にさまざまなコーラのブランドをそれぞれ独特のものと認識しているかどうか尋ねた。それに対して、消費者の大部分はまったく異なるものとは認識していないと答えた。例えば、コカ・コーラのブランドは競合他社のブランドとは異なると思うと答えた消費者はたった8％で、競合他社のブランドに比べて独特だと答えた消費者はたった13％だった。

　よく考えてみれば、これらの結果も理解できる。なぜだろうか。コカ・コーラもペプシも、ブランドの位置づけは同じようなものだからだ。

　コカ・コーラは、自社の飲み物はさわやかで幸せになると消費者たちを納得させようとする。コカ・コーラの広告キャンペーン「オープン・ザット・コカ・コーラ（Open that Coca-Cola）」について

考えてみてほしい。CMには普通のことをしているいくつかのグループが登場する。食料品の買い物、ビデオゲーム、夕食、サッカーの試合を観戦している、といった具合だ。最初は面白味のないシーンで、すべてが普通に思える。だが、人々がコカ・コーラを一口飲むと、だれもが満面の笑みを浮かべて踊り出す。この広告は何を伝えようとしているのだろうか。コカ・コーラを飲むと、普段どおりの人々がとりわけ幸せになれるということだ。

ペプシもまったく同じことを消費者たちに伝えようとしている。2003年のペプシの広告「クレイジー・イン・ラブ（Crazy in Love）」について考えてみよう。シンプルな広告だ。ペプシを1本買うためにビヨンセが車から降りてくる。一口飲むと、彼女はにっこりと笑い、カメラに視線を送る。1人の男性とちょっとした会話をしたあと、ビヨンセは車に戻るのだが、その間、彼女の曲「クレイジー・イン・ラブ」が後ろで流れている。CMは黒い背景の真ん中に「ザ・ジョイ・オブ・ペプシ（The Joy of Pepsi）」という文字が現れて終わる。この広告も、ペプシは消費者を幸せにすると言っているのではないだろうか。ペプシの「喜び（Joy）」、ビヨンセの満面の笑み、そしてアップビートな曲のすべては、ペプシが喜びの源であると伝えている。

では、なぜコカ・コーラは実際に競争力が高いのだろうか。同社がペプシよりも強力な理由は何だろうか。ちなみに、これこそがほとんどの投資家が正確に答えられない質問だ。

コカ・コーラはペプシよりも強力に幸せを連想させる、が理由である。

人々は常に問題を解決するために商品を買う。人々は退屈をしのぐためにネットフリックスに加入する。人々は知識を増やすために

本を買う。同様に、人々は問題を解決するために砂糖たっぷりの清涼飲料を買うのだ。その問題とはノドの渇きだけではない。もしそうであれば、ノドを潤すためには最も安価な方法である水を買う。しかし、人々はさらなる問題を解決するために甘い清涼飲料により多くのお金を払うことを選ぶ。それは、水よりも人々を幸福にするからだ。

　一般的な消費財について言えば、人々は解決策として最も簡単に思い浮かぶ商品を買う傾向にある。その完璧な例がシナモン・トースト・クランチだ。例えば、シナモン・トースト・クランチのすべてのCMで、「クレイジー・スクエア」が幸せそうに仲間のシナモントーストを共食いしている様子を目にするだろう。このストーリーは、シナモン・トースト・クランチがおいしいシリアルであることを記憶に残るような方法で伝えている。実際に、消費者はシリアルを買おうとしているときに、シナモン・トースト・クランチがとてもおいしいことを思い出すことになる。それによって、競合他社の商品ではなく、シナモン・トースト・クランチを選ぶ可能性が高まるのだ。

　コカ・コーラとペプシもまったく同じことをしている。両社とも、自社の清涼飲料は消費者をリフレッシュさせ、幸せにすることを記憶に残るような方法で伝えようとしている。そうすることで、消費者が買い物をしているときに、それらの飲み物が実際に自分たちを幸せにし、リフレッシュさせることを思い出す可能性を高め、さらには消費者が実際にそれらを購入する可能性を高めることになる。

　だが、コカ・コーラはこのメッセージをペプシよりもはるかに効果的に伝えてきた。1つに、コカ・コーラは一歩先にスタートを切っていた。コカ・コーラの最初の1瓶が販売されたのは1886年だが、

ペプシは1965年の設立だ。これによって、コカ・コーラには「人々を笑顔にする」飲み物としてブランドを構築するために50年以上の時間があり、それによって同社は激しい競争相手もなく自社を売り込むことができた。さらに、コカ・コーラはペプシよりも多額の資金をマーケティングに費やすことができる。近年で見ても、コカ・コーラは年に40億ドルほどを広告に投じているが、ペプシコの広告費は年50億ドルほどだ。ペプシコのほうが多額の広告費を投じているが、同社の商品は多岐にわたることを忘れてはならない。コカ・コーラは主に飲料産業の事業を行っているが、ペプシコはほかの分野にも手を広げている。最も注目すべきは、同社がフリトレーとクオーカー・オーツを所有していることだ。つまり、ペプシコの50億ドルの広告予算がこれらすべてのブランドに少しずつ投じられる一方で、コカ・コーラはコカ・コーラのブランドに集中できる。そのため、コカ・コーラの飲料はペプシのブランドよりも多くの広告によるサポートを受ける可能性が高い。これによって、コカ・コーラはより頻繁に消費者にブランドメッセージを伝えられるようになる。

「事業は理解している。シンプルだ」

私がコカ・コーラとペプシについて長々と説明した理由は、徹底的に要点を説明するためだ。事業はシンプルだ。だが、事業がシンプルであるという事実が、それを理解していることを意味するのではない。

コカ・コーラのビジネスモデルは世界で最もシンプルなものだ。あまりにシンプルなので、４歳の子供でも同社がどうやってお金を稼いでいるか説明できる。実際に私は世界の投資家にコカ・コーラ

の事業を理解しているかどうか尋ねることもできるが、彼らは皆イ
エスと答えるだろう。

　だが、現実には、彼らはコカ・コーラを理解していない。前述の
とおり、人々がしばしば言及するコカ・コーラがペプシよりも強い
理由は間違っている。彼らは、「コカ・コーラのほうがおいしいから、
または差別化されたブランドがあるからペプシよりも強い」のだと
言う。だが、お分かりのとおり、これらの理由は正しくない。この
ような誤った理由に言及しないとしても、彼らが、コカ・コーラが
ペプシよりも強い正しい理由を挙げられることはほぼない。彼らが、
コカ・コーラはペプシよりも強力に幸福を連想させることを認識し
ていることはまれである。

　「どうしてコカ・コーラが幸福を連想させることを知っている必
要があるのか」と思うかもしれない。

　マンガーとバフェットは、自分たちがアウトパフォームし、ほか
の者たちがアンダーパフォームする理由は、自分たちは自らのコン
ピタンス領域を分かっているが、彼らは分かっていないからだとよ
く口にする。そして、コカ・コーラの例は、ほとんどの人々が自ら
のコンピタンス領域を分かっていないことを明確に描き出している。

　アマゾンが2日間で配送し、値段も手ごろで、取扱商品も多岐に
わたることを知らずに、同社に投資をしている者を想像してほしい。
彼らはアマゾンに競争力がある理由を理解していないのだから、ア
マゾンを理解していないと結論できる。

　もしくは、iPhoneは競合するスマホよりもデザインが優れてい
ることを知らずにアップルに投資している者を想像してほしい。彼
らはアップルに競争力がある理由を基本的に理解していないと結論
できる。

　同じことがコカ・コーラにも当てはまる。コカ・コーラが幸福を連想させることを理解しないで同社に投資している者がいるとしたら、彼らはおそらく同社に競争力がある理由を理解していないのだろう。ブランドの評判は重要なので、その者はブランドを理解していないと言える。実際に、コカ・コーラが幸福を連想させることが、バフェットが同社に投資した理由の1つである。

　　今日、コカ・コーラは世界中で8オンス（240ミリリットル）の商品を15億本販売する。事実上、世界中のすべての人々がコカ・コーラのことを何かしら知っている。1886年以来、同社の商品はリフレッシュできるという点で幸福と十分な価値を連想させてきた……そのような商品と対決するのは……不可能だろう。

　バフェットが言うように、シンプルな事業が必ずしも理解しやすいものではないことを認識することが、自らのコンピタンス領域にとどまる一助となる（投資の初心者のために記すが、「コンピタンス領域にとどまる」という言葉は、理解している企業にだけ投資することを意味する。反対に、「コンピタンス領域から飛び出す」とは、理解していない事業に投資をすることだ。コンピタンス領域という言葉を有名にしたのはバフェットだが、本書でも何回となく用いることになる）。

　つい先ごろ、私は靴販売企業の分析を行った。もちろん、とてもシンプルな事業だった。その企業は実店舗とeコマースを通じて靴を販売するだけだった。これ以上シンプルな事業はない。

　だが、どうして競争力があるのか私には理解できなかった。私は、

同社がほとんどの競合他社をはるかに上回る市場シェアを有していることに気づいた。だが、その理由が分からなかった。競合他社もよく似たビジネスモデルを持っていた。売り場面積当たりの売り上げも主たる競合他社と変わらなかった。利益率も競合他社と似たようなものだった。そのため、私はその企業が競合他社よりも優れている点を見つけられなかった。幸福を連想させることがコカ・コーラの競争力につながっているように、私はその企業が競合他社よりも強い正確な理由を割り出すことさえできなかった。私はこの企業の競争力の源泉が分からなかったのだ。さらに重要なことに、それら原動力となるものが同社の将来の競争力にどのように影響するかも理解できなかった。そのため、私は現実を直視し、自分が事業を理解していないことを認めざるを得なかった。

　いずれにせよ、シンプルな事業だからといって、私が理解できるわけではなかった。

　バフェットが犯した誤りのいくつかは、「シンプルな事業」を「理解できる事業」だと考えたことに原因があった。

　現在、バークシャー・ハサウェイの役員を務めるバフェット、マンガー、そしてサンディ・ゴッテスマンは当初、ダイバーシファイド・リテーリングという持ち株会社を設立した。バフェットが80％を保有し、マンガーが10％、ゴッテスマンが10％を保有した。彼らはダイバーシファイド・リテーリングを使って、小売業を買収しようとした。

　彼らが最初に買収を決めた企業はホックシールド・コーンというデパートだった。この企業には高い株価が付いていた。バフェットが振り返るとおり、「われわれは二流のデパートを三流の価格で買っていたのだ」。それに加え、彼らは事業を容易に理解できると考

えていた。「これ以上シンプルな事業などあろうものか。唯一の競合他社は近隣の店舗なのだから、競争環境はシンプルだ。私は同社が販売している商品の多くを知っているし、使ってもいる。デパートを理解するのがどれほど難しいと言うのか」

明らかに、これはかなり難しいことだった。事業はシンプルだったが、理解するのは難しかったのだ。特に、バフェットとマンガーは競争環境を理解していなかった。彼らは競争がどれほど厳しいものかを見落としていた。マンガー自身が次のように語っている。「われわれは、デパートそれ自体にもはや優位性がない時代に、ボルチモアの4つのデパートの間で繰り広げられる厳しい競争を十分に重視していなかった」

さらに、彼らは小売業についても何も理解していなかった。アリス・シュローダーが『スノーボール──ウォーレン・バフェット伝』（日本経済新聞出版社）で言及しているとおり、「ホックシールド・コーンの買収から数年のうちに、バフェットは小売業に不可欠なスキルはファイナンスではなく、マーチャンダイジングであることを理解した」。

結局、投資はうまくいかなかった。バフェットとマンガーは失敗であることを認識した。彼らは、ホックシールド・コーンを売却することが最良であると結論した。そして、彼らは当初の買収価格と変わらない価格で売却することになり、手にしたROI（投資利益率）はほぼゼロとなった。

ホックシールド・コーンへの投資の失敗は、バフェットとマンガーがシンプルな事業と理解できる事業との違いを認識していれば、防げただろう。彼らがシンプルな事業でも、理解できないものがあることに気づいていれば、シンプルだからといって必ずしもホック

シールド・コーンを理解しているわけでないことが分かっただろう。その場合、彼らは自らのコンピタンス領域から飛び出さないよう注意しただろう。

　だが、この教訓は私からのものではない。バフェットの言葉なのだ。最近の年次総会で、バフェットはホックシールド・コーンの失敗の原因について語った。彼は、投資がうまくいかなかった理由をどう説明しただろうか。彼によれば、投資が失敗したのは、事業がシンプルだから理解できると仮定したことだったという。

> チャーリーも私も、自分のコンピタンス領域の境界線と呼べるものを見いだすうえではある程度うまい。だが、明らかにわれわれはその外側まで行ってしまった。私の場合、ほかの分野よりも小売業で行きすぎてしまうことが多い。小売業を理解していると考えるのは容易だと思うが、その後、理解していないことに気づく。われわれがボルチモアのデパート（ホックシールド・コーン）でやったようにね。

　したがって、シンプルな事業は理解可能な事業だと仮定してはならない。

　バフェットは、ホックシールド・コーンがシンプルな事業だと認識していた。だが、後知恵だが、彼は自分が理解していないことに気づいた。

　マンガーはアップルの事業がシンプルであることを知っている。だが、それは彼が理解していることを意味しない。

　そして、ほとんどの投資家はコカ・コーラがシンプルな事業であることを知っている。しかし、シンプルだからといって、彼らが理

解していることを意味しない。

　この項を読み終えると、多くの読者たちは重要な疑問を抱くだろう。「自分がコカ・コーラを理解していないならば、何を理解しているのだろうか。どうすれば、シンプルな事業を実際に理解しているのかどうか確認できるのだろうか」。心配はいらない。本書は疑問のすべてに答えることになる。だが、その前に、投資家が実際には事業を理解していないのに、自分は理解していると考えてしまう、さらに2つのシナリオを取り上げる。

「製品は知っているし、株式も知っている」

　社会的カテゴリー化理論に従い、個人をさまざまな特徴に基づいてカテゴリーに分類したいと思う。例えば、次のような特徴を持つ人物に出会ったとしよう。彼らは臭くて、服装もだらしなく、お金を無心している。われわれの知能は自動的に彼らをホームレスだと分類する。ホームレスは、自分がホームレスであることを認識してもらうためにホームレスだと伝える必要はない。彼らはだらしない格好をして、お金を無心しているのだから、ホームレスだとだれでも推察できる。同様に、バスケットボールのコートでシュートをしている人物に出くわしたら、当然ながら彼らはバスケットボール選手だと推察するだろう。

　われわれが個人をグループの一員だと分類するのは、それがエネルギーの節約となるからだ。歓楽街である者からお金を求められるたびに、彼らにホームレスかどうか聞かなければならないと想像してみてほしい。それは効率的な人生の送り方ではない。また、バスケットボールのコートでプレーしている者に、「バスケットボール

はやりますか」と聞かなければならないと想像してみればよい。彼らがバスケットボールをすると仮定しても差し支えないのだから、それは時間の無駄というものだ。

　だが、社会的カテゴリー化の弱点は、物事の分類を誤る可能性があることだ。午前8時に派手な時計をつけた人物に出くわし、彼がゴールドマン・サックスの本社に入っていくのを見たとしよう。われわれの知能はこの情報を得て、彼はとても成功しているビジネスマンだと推察する。要するに、彼は高級そうな服を着て、最も高名な金融機関の1社に入っていく。もしくは、彼はそれほど成功していないかもしれないが、家族ぐるみの友人のつてで就職面接を受けられたので、ゴールドマン・サックスの本社に入っていくのかもしれない。

　心理的な近道を使って人々について判断を下すのと同じように、株式についても心理的な近道を使って判断を下している。特に、経験則を用いてその事業が自らのコンピタンス領域の内側にあるかどうかを判断している。

　例えば、「その製品を利用しているならば、事業を理解している」という経験則を有している人たちがいる。彼らは、ある企業の製品を利用しているので、その株式は自らのコンピタンス領域の内側にあると分類したがる。これは、ゴールドマン・サックスのオフィスに入っていくのだから成功しているプロだと個人を分類するのと同じだ。もしくは、事業がシンプルだからその株式は自らのコンピタンス領域の内側にあると分類するのと同じである。

　表面的には、「製品を利用しているのなら事業を理解している」というのは合理的なように思える。ほかのすべての条件が同じならば、顧客であれば、その事業の競争面でのダイナミズムをより理解

しているだろう。その製品を利用することで、顧客が何を気にしているかという知見を得ることができる。さらに、どのような市場でもだれがリーダーでだれがラガードかを容易に理解できる。

だが、それが常に頼るべき優れた経験則であるとは限らない。ゴールドマン・サックスの本社に入っていく者は成功したキャリアを持っていると仮定するのが誤りとなるのと同じように、その企業の製品を利用しているからといって、事業を理解していると仮定するのは完全な誤りとなる。

ある投資家の例を取り上げてみよう。私の知人の1人がかつて次のようなことを言った。「GoPro（ゴープロ）は素晴らしい企業だ。私はすでにGoProを2つ持っている。カメラの品質は素晴らしい。みんなこの製品を好きになるだろう。間違いなく競合他社製品よりも優れている。GoProはIPO（新規株式公開）したばかりだから、ウォール街がGoProの製品がどれほど優れているかに気づく前に、同社の株式を買わせてほしい」

彼の大きな期待にもかかわらず、投資はうまくいかなかった。

数四半期のうちに、売上高の成長率はマイナスとなり、消費者たちはGoProの製品に関心を示さなくなった。

GoProは、最新のカメラであるHERO4 Sessionは過去の製品と同じように急速に広まると自信を持っていたので、大きなマーケティング費用を投じなかった。だが、これがGoProの過去の製品のように広まることはなかった。

さらに、GoProは消費者たちが自社製品をどれほど愛しているかを過大評価していた。GoProのCEO（最高経営責任者）のニック・ウッドマンは、自社の最新製品は「究極のGoPro」だと考えていた。そのため、1台400ドルという高級品並みの価格を付けた。だが、

消費者たちがそれを高級品と受け止めることはなく、売り上げは伸びなかった。そのため、ウッドマンは価格を50％に相当する200ドルも引き下げなければならなかった。

　さらに悪いことに、GoProの投資家は大きなリスクを見落としていた。アップルだ。GoProのIPO直後、消費者たちはアップルのカメラのメリットに気づき始めた。特に、iPhoneの高性能カメラを使うほうが、もう１台のカメラを持ち運ぶよりもはるかに便利であることに彼らは気づいたのだ。「すでにカメラが付いているスマホを持っているのだから、もう１台のカメラを持ち運ぶ必要などないじゃないか。結局のところ、クオリティーという点ではどちらのカメラも似たようなものだ」。ある評論家はGoProについて次のように述べた。

　GoPro製品のほとんどはアスリートやスキューバダイビングをする人たちが利用しているのだろうか。カメラの販売台数に基づけば、そうではないだろう。アップル（AAPL）をフォローしているメディアがiPhoneの6sとGoProのHERO4を比較することになるという事実それ自体がダメージを与える……ほんの７カ月後にiPhone7が発売になることを考えれば、GoProの製品が追いやられる可能性は高く、そうなれば、アップルと比べてGoProの魅力はこれまで以上に失われかねない。

　結果的に、GoProの株価は暴落した。たった１年のうちに40ドルから10ドルまで下落した。その数年後には５ドルほどまで下落し、投資家の投資資金はおおよそ一掃されてしまった。

　投資家がこの高くつく誤りを犯した理由は、ひとえに自らのコン

ピタンス領域を見誤ったことにあった。彼はGoProの製品を利用し、気に入ってもいたので、同社は自らのコンピタンス領域の範囲にあると考えた。特に、彼はGoProの製品を利用していたので、消費者がそれを好むかどうか分かっていると考えていた。だが、実際には分かっていなかった。彼は製品の見通しを完全に見誤った。

　結局のところ、彼は消費者にとって何が重要か分かっていなかった。次のことを考えてみてほしい。われわれは小売店ではなくアマゾンで買い物をしたいと考えるパレートの法則（80/20の法則）の理由の多くを知っている。次のようなものだ。

●迅速で、２日で配送される
●ワンクリックで簡単に買える
●手ごろな価格
●いくつもの店舗を回る必要がない
●多くの商品を容易に比較できる

　これらの理由を知っていれば、アマゾンの競争力を評価できる。そして次のように考えることができる。「ウォルマートがアマゾンよりも早く配送できる可能性はどれほどか。競合他社がより安い価格を提示できる可能性はどれほどか。競合他社がより利便性の高いウェブサイトを構築することで、顧客を奪える可能性はどれほどか」。最後に、これらの疑問に答えることができれば、アマゾンに付随するリスクを理解できる。

　だが、カメラに関して、ほとんどの投資家がこのようなことを簡単に行うことはできない。ほとんどの人々が小売店ではなくアマゾンで買い物をする理由を十分に理解しているのとは異なり、彼らが

カメラについて同じような理解度に達することはないだろう。

　価格とカメラのクオリティーが重要であることは間違いなく、多くの人々が知っている。だが、消費者にとって重要なのはその他多くの要素であり、それに気づいてすらいない消費者もいるような要素なのである。

　利便性について考えてみよう。消費者は利便性の高い製品を好む。つまり、スマホに付いているカメラを用いるのは別のカメラを持ち運ぶよりもはるかに容易なので、長期的にはGoProがiPhoneと競うのは難しいということだ（GoProはカメラのクオリティーをiPhoneよりも圧倒的に優れたものにはできないと仮定している）。

　だが、多くの消費者は利便性が重要な要素であることを知らない。これはとても分かりにくい要素だ。消費者がカメラを買うとき、彼らは価格とカメラのクオリティーに注目するので、それらの要素が重要であることは知っている。だが、消費者は利便性についてそれほど考えないので、利便性は無意識のうちに考慮される。結果として、カメラを所有している投資家は、利便性が購買行動を決める重要な要素だと気づきもしないかもしれない。

　実際に、GoProの投資家がそうだった。彼はGoProを 2 台所有していたが、利便性については考えていなかった。彼はただ、GoProの製品は高まるブランド力とカメラの高いクオリティーゆえに長期的な競争力を持つと考えた。結局のところ、それらの要素は彼がGoProを 2 台購入するときに最も時間をかけて検討した要素だった。結果として、彼はGoProが長期的に消費者を引きつけられるかどうかを決める重要な要素を見落としてしまっていた。

　これは重要な点を突いている。製品を所有し、愛することはできる。だが、それと同時に、事業それ自体や消費者がその製品を好む

理由を本当に理解してはいないかもしれない。

コカ・コーラもこの例に属する。コカ・コーラの事業は極めてシンプルで、すべての投資家が同社の商品を飲んだことがある。結果として、多くの投資家はコカ・コーラの成功の背後にある消費者の行動を理解していると考えてしまう。だが、実際には多くの人たちが理解していない。

ある人にコカ・コーラやペプシを飲む理由を問えば、彼らは「こちらのほうがおいしいから」「このブランドが好きだから」と答える。これらは最も合理的な回答だ。だが、実際には、われわれは、平均的な消費者には2種類のコーラの違いが簡単には分からないこと、そして彼らは特定のブランドに忠実ではないことを発見した。

ある消費者がコカ・コーラの成功にはブランディングが関係していると判断したとしても、彼らは別の重要な要素を見逃している。販売力だ。

これについて考えてみよう。

人々がコーラを欲しがるような場所の多くでペプシは手に入らない。

マクドナルドに行ってもペプシは手に入らない。彼らが販売しているのはコカ・コーラだけだ。

サブウェイに行ってもペプシは手に入らない。彼らが販売しているのはコカ・コーラだけだ。

バーガーキングに行ってもペプシは手に入らない。彼らが販売しているのはコカ・コーラだけだ。

コカ・コーラは、多くの有名ファストフード店がペプシを販売することを妨げている。彼らは、コカ・コーラを販売するならば、ペプシのような特定の競合商品を販売できないことを明記した独占販

売契約を締結することでそれを実行している。

　これがコカ・コーラに大きな優位性をもたらすことは明らかだ。消費者はより簡単に手に入る商品を購入するだろう。そのため、コカ・コーラとペプシは最初に自動販売機を用い始めた。学校や職場に自動販売機があれば、店舗まで足を運ぶ必要はなく、はるかに容易にコーラが買える。同様に、利用しているファストフード店がペプシを販売していなければ、コカ・コーラはペプシよりもはるかに容易に手に入る。コカ・コーラはあるが、ペプシがないとしても、ペプシを飲むためだけにファストフード店を出ることなどあり得ない。

　コカ・コーラの販売力が消費者の行動を左右するうえで重要であるにもかかわらず、ほとんどの消費者はそれについて分かっていない。実際に、どうしてコカ・コーラを飲むのかと数年前に質問されていたら、私が同社の販売力に言及することはなかった。その当時、私はコカ・コーラに注目していなかったので、同社の販売戦略が消費者の行動を左右するうえで大きな働きをしていることなど知りもしなかった。そのため、私は人々がペプシではなくコカ・コーラを買う最も重要な理由の1つを見落としていただろう。

　つまり、投資家がコカ・コーラの大ファンということはあり得る。商品を愛しているかもしれない。だが、それでも、そもそもコカ・コーラを買う理由は理解していないかもしれない。

　かつてスティーブ・ジョブズは、消費者は自分たちが何を求めているかを分かっていないので、「マーケットリサーチにはまったく頼らない」と述べた。彼らは製品Aや製品Bを買う理由を分かっていない。これは覚えておくべきことだ。自分はコカ・コーラを飲んでいるかもしれない。だが、どうしてコカ・コーラを飲んでいるか

を必ずしも分かっているとは限らないのだ。GoProのファンかもしれないが、だからといって消費者にとって何が重要かを知っているわけではない。

　バフェットはかつて次のように述べた。

　　だれかが株式を提案してきた場合に最初に判断すべきことは、それが自分のコンピタンス領域の内側にあるかどうかだ。私はマイクロソフトを評価する方法を知らない。オラクルを評価する方法を知らない……そして、私が理解していると言っても、それはコンピューター会社の観点からコンピューターの使い方、または使わない方法を理解しているという意味ではない。

「安定したキャッシュフロー、予測可能な事業」

　投資家が、その企業が自らのコンピタンス領域の内側にあるかどうかを判断するもう1つの一般的な方法が、企業の収益とフリーキャッシュフローの一貫性に目を向けることだ（フリーキャッシュフローは企業の収益性を測る指標で、これは企業がどれだけの現金を利益として生み出したかを示している）。特に、投資家は、過去に安定した収益や利益を生み出している企業を理解しやすいと考えることが多い。例えば、私は次のようなことを語る人々に会ったことがある。「この企業は長期的に年5％ほどの割合で収益を増やしてきた歴史がある。そのため、同社は将来もおおよそ同じような割合で成長を続けると確信できる」

　表面的には、安定したフリーキャッシュフローを生み出している企業は自らのコンピタンス領域の内側にあると結論しても合理的な

ように思える。そうではないだろうか。企業が過去10年にわたって年５％ずつ収益を増やしているとしたら、来年も５％成長する可能性は高いと思うのは合理的ではないのだろうか。

　だが、このように考えるのはドライバー重視ではないので欠陥があることに気づいていない投資家もいる。私が言う「ドライバー重視」を理解するために、仮説の例について考えてみよう。

　自分がメタやネットフリックスやアップルやグーグルといった世界的なハイテク大手で働いてきた極めて優秀なソフトウェアのエンジニアだとしてみよう。だが、新しいことにチャレンジするために、グーグルでの現在の仕事を辞め、別の大手ハイテク企業であるアマゾンへの転職を検討している。だが、まだ手を挙げる準備ができていない。まずは、実際に転職できる可能性を評価したいと考えている。面接を通過するまでにはかなりの時間がかかってしまう可能性があるが、ソフトウェアの開発者として忙しい日々を送る自分には割ける時間があまりない。

　職を得られる可能性を評価できる方法が２つある。つまり、歴史を用いる方法とドライバーを分析する方法だ。

　歴史を用いるというのは、アマゾンで職を得られるかどうかを判断するために、過去に仕事を得た能力に目を向けることだ。自分の場合、アマゾンで仕事を得られる可能性は高いと結論することになるだろう。自分はこれまでにアマゾン同様に競争の厳しいいくつかの企業で仕事を得てきた。つまり、メタやネットフリックスやアップルといった企業だ。したがって、アマゾンでも有力な候補となる可能性は高い。

　一方で、ドライバーを分析するとは、結果をそのドライバーに分解することだ。この場合、仕事を得られる可能性（結果）を、仕事

を得られる可能性を決める要素、つまり経歴書の質やカルチャーフィット、競争といった要素（ドライバー）に分解することを意味する。そのようなドライバーを分析することで、職を得られる可能性、つまり結果を推定することになる。

どちらの方法にも長所と短所がある。歴史を用いることの長所は迅速かつ簡単なことだ。競争の厳しい仕事に就いてきた確かな歴史があることに気づくにはほんの数秒しかかからず、同じように競争の厳しいアマゾンでの職を得られる可能性は高いと合理的に結論できる。

歴史を用いる方法の主たる短所は不正確な結論に至ってしまう可能性が高いことだ。

歴史を用いる方法論では、現在は過去と同じだと仮定している。アマゾンへの就職希望者とグーグルへの就職希望者の競争力は同程度だと仮定している。アマゾンに提出する経歴書はグーグルに提出した経歴書と同じくらい素晴らしいものだと仮定している。グーグルのカルチャーにフィットしたように、アマゾンのカルチャーにもフィットすると仮定している。これらの仮定が正しくないとしたら、アマゾンでの有力な採用候補ではないということになる。その場合、グーグルに就職したという事実がアマゾンに就職できるかどうかを判断する優れた材料とはならないだろう。

一方、ドライバーを分析する方法論ははるかに正確な結論を生み出すだろう。ドライバーを分析する方法論では、仕事を得られる可能性に影響を与える主たる要素を研究することになる。アマゾンの就職希望者はグーグルの就職希望者と同程度に競争力があると仮定するのではない。就職希望者がどのくらい競争力があるかを割り出すために、実際に分析するのだ。グーグルのカルチャーにフィット

したのだから、アマゾンのカルチャーにもフィットすると仮定する
のではない。実際にアマゾンのカルチャーを評価して、フィットす
るかどうかを判断するのだ。そのため、ドライバーを分析する方法
論を用いれば、仕事を得られるかどうかをより正確に予想できるだ
ろう。

　株式市場では、多くの投資家が歴史に頼る方法論を用いて、自分
が事業を理解しているかどうか、予測できるかどうかを判断してい
る。前述のとおり、彼らは次のように主張する。「この企業の売上
高は過去10年にわたって5％で安定的に増えてきた。だから、同社
は向こう数年間、同程度の成長をすると合理的に結論できる」

　仮説の転職の例なら歴史に頼る方法論を用いても何ら問題は起き
ないだろう。グーグルやアマゾンは同じような人物を採用するので、
それぞれの企業の就職希望者の競争力はかなり似たものとなる。だ
が、株式市場では、歴史を用いる方法論がお粗末な結果につながる
ことが多い。

　歴史を用いる方法論では、現在は過去と同じだと仮定しているこ
とを思い出してほしい。売上高を左右する要素、つまり、ブランド
力や消費者の選好や経営陣の質などは過去も現在も同じだと仮定し
ている。だが、事業の世界でこれが当てはまることはまれだ。ブラ
ンド力、競争環境、経営陣の質は時間の経過とともに変化する。結
果として、過去が将来の優れた指針とはならない。

　実際に、長きにわたり成長してきた歴史を持つ企業も、事態が変
化すれば反転する可能性がある。

　コノコフィリップスのケースを考えてみればよい。2007年後半か
ら2008年初頭にかけて、バフェットは石油・天然ガスの企業である
コノコフィリップスの株式に70億ドル超を投じた。コノコフィリッ

図表1.3　コノコフィリップスは安定しているように見えたが、売上高は予想外に急減した

2000〜2022年までのコノコフィリップスの収益（100万ドル）

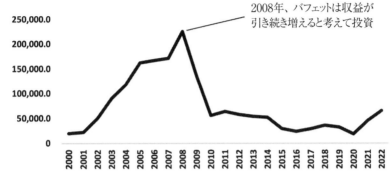

出所=キャピタルIQ

プスの売上高は長きにわたり安定的に増大していた。2000年から2008年までに、同社の売上高は500％以上増大したのだ。多くの投資家にとって、これは同社が健全な投資対象であることを意味した。少なくとも、多くの投資家が売上高は増大を続けるだろうと考えていた。つまり、これがトレンドというものである。

だが、バフェットを含むすべての者たちが間違っていた。

バフェットがコノコフィリップスに投資した直後、石油とガスの価格は暴落した。結果として、過去の売上高のトレンドは反転し、売上高は50％以上減少した。そして、2009年、バフェットは最終的にコノコフィリップスの株式の半分あまりを損切りした。

バフェットは、バークシャー・ハサウェイの2008年の年次報告書でコノコフィリップスの売上高が減少するとは思わなかったと、振り返っている。

　私が石油とガスの価格が最高値付近にあったときにコノコフィリップスを大量に買ったのは、チャーリーやだれかに急かされてのことではない。私はその年の後半に発生したエネルギー価格の劇的な下落をまったく予想していなかった。私は今でも、将来の石油価格は現在の40〜50ドルよりもはるかに高くなると考えている。だが、今のところ、私は完全に間違えている。さらに、価格が上昇するとしても、私が買ったタイミングがひどすぎて、バークシャーに何十億ドルも失わせることになった。

　変化の遅い業界を支配しているマクドナルドを例に取り上げてみよう。1990年から2012年にかけて、マクドナルドはほぼ毎年収益を増大させてきた。大きな金融危機のあった2007年から2010年の期間でさえ、同社は収益を増大させた。2010年、投資家たちは次のようなことを言っていた。「マクドナルドは向こう5年、10年と間違いなく成長するだろう。同社には過去数十年にわたり一貫して成長してきたトラックレコードがあるので、私は少なくとも将来落ち込むことはないと確信している」。だが、やがてそうなってしまった。2014年から2018年にかけて、マクドナルドの売上高は25％減少した。多くの者たちが無敵だと見ていたマクドナルドはたった数年のうちに売上高の4分の1を失ってしまったのだ。

　ドライバーを分析する方法を用いていれば、現在は過去と同じではないことを明らかにできたかもしれない。ドライバーを分析する投資家は、マクドナルドの売上高を決める要素を分析したことだろう。その過程で、彼らは決定因子——消費者の嗜好やニーズ——が変化していることに気づいただろう。消費者たちは健康に気を使うようになっているので、マクドナルドを選ぶ可能性は低下していた。

図表1.4　MCDの売上高は安定しているように思えたが、歴史的なトレンドは反転した

1990～2022年までのマクドナルドの収益（100万ドル）

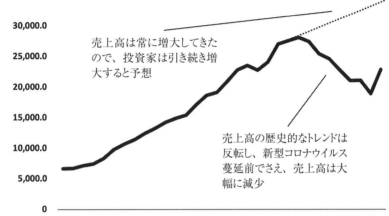

売上高は常に増大してきたので、投資家は引き続き増大すると予想

売上高の歴史的なトレンドは反転し、新型コロナウイルス蔓延前でさえ、売上高は大幅に減少

出所＝キャピタルIQ

結果として、ドライバーを重視する投資家は、将来は過去と同じではないことに気づいた。

　さらに、歴史に頼る方法論を用いることの大きな危険は、混乱期に自ら選んだ銘柄に対する自信を失ってしまいかねないことだ。

　あるとき、私は何十億ドルもの価値を持つ大手ハイテク企業と、はるかに小さいニッチ市場で最も支配的な立場にあった企業を分析していた。当時、その企業は驚異的な割合で売上高を増やしていた。５年ほどの間に、売上高は一貫して年30～50％も増大していた。そのため、私は次のように考えた。「この会社は将来も高い割合で成長を続けるに違いない。売上高は少なくとも15％は増大する」

　私は完全に間違っていた。

　株式を買ったほんの数週間後、成長は予想外に、大幅に停滞した。その企業が発表した売上高の前年比成長率はたった10％で、30〜50％というトラックレコードをはるかに下回った。この減速にウォール街も驚き、株価は40％以上下落した。

　そのとき、私は株式に対する自信をかなり失っていた。売らなかったのだが、事業に対する信頼は大きく失われていた。私は歴史に頼る方法論を用いていたので、成長の減速が一時的なものにすぎないことを示す証拠を持ち合わせていなかった。同社の業績だけが将来を予想する唯一の道具であり、その業績は悪化するばかりだった。そのため、私が導き出せる最良にして唯一の結論は、同社は悪化するだろうというものだった。

　私がドライバーを分析する方法論を用いていれば、結果は異なるものとなっただろう。

　1つに、そのような高い成長率は持続不可能であることに私が気づいた可能性はかなり高い。同社の成長のドライバーの1つが市場規模だ。大きな市場を追いかけている企業であれば、成長する可能性も高くなる。だが、今回はまったくそうではなかった。後知恵になるが、彼らはそれまでに急速に成長していたので、市場全体に浸透しており、急激な減速は避けられないことに私は気づいた。

　また、ドライバーを分析する方法論を用いていれば、私は自分が選んだ銘柄にもっと自信を持つことができただろう。私はドライバーを分析する方法論をとっていなかったので、「過去数年間に安定的に成長していた」こと以外に、自分が考えるその企業の成長速度を支持する証拠を持ち合わせていなかった。ウォール街が弱気に転じると、証拠を持ち合わせていないという事実が問題となった。その時点で、私は企業の長期的な成長に関してウォール街が間違って

いることを証明するような証拠を挙げることができず、皆が恐怖を
抱いているときに強欲になれなかった。

　それから、安定的な売上高や利益を生みだしているからというだ
けで事業を理解していることにはならないことを認識しなければな
らない。コカ・コーラを覚えているだろうか。何十年にもわたって、
コカ・コーラは一貫して売上高を伸ばしてきた。これは投資家が同
社を理解していることを意味するだろうか。違う。多くの投資家は
同社を本当には理解していない。もしくはアップルについて考えて
みればよい。2010年から2020年にかけて、アップルの売上高が増大
しなかった四半期はたった5回だけだ。だが、それはマンガーがア
ップルを理解していることを意味するだろうか。もちろん、違う。
彼が述べているように、彼はアップルの「専門家」ではない。

　本章では、重要な問題を避けてきた。つまり、どうすれば事業を
理解していると分かるのだろうか。「企業の収益やキャッシュフロ
ーの一貫性が事業を理解しているかどうかを決めるのではないとし
たら、何が決めるのだろうか。どうすれば自分が事業を理解してい
るかどうかが分かるのだろうか」

　疑問のすべては次の章で答えることになる。私は「コンピタンス
の第2層」と呼ぶコンセプトを説明することになるが、これは桁外
れの投資家たちが事業を理解しているかどうかをどのように判断し
ているかを理解する一助となるだろう。

**桁外れの投資家たちは、けっしてシンプルな事業は理解できる事
業だと仮定しない。**

第2章
コンピタンスの第2層

The Second Layer of Competence

　2000年代初頭、多くの投資家はアマゾンを投機的な企業だと分類していた。

　アマゾンの事業はシンプルではなかった。インターネットはまだ新しいもので、すべての投資家が、オンラインショッピングがどういうものかを理解していたわけではなかった。

　また、アマゾンは安定的に利益を生み出していなかった。むしろ、実績は純損失が拡大していた。

　アマゾンは変化の遅い業界で活動していたのではない。同社は、毎日新しい企業が生まれるハイテク業界の企業だった。

　その結果、アマゾンの将来は予想できないという投資家がほとんどだった。「コーラのような狭い分野とは異なり、ハイテク業界はほんの数年で変わってしまう。利益を生み出した実績がないということは、その企業が成功するかどうか分からないということだ。アマゾンがあればウォルマートで買い物しなくなるとは思えなかった。だから、人々も納得するかどうか私には分からない」

　だが、例外が1人いた。ニック・スリープだ。

　ノマド・インベストメント・パートナーシップの共同創業者であ

るニック・スリープはアマゾンに対して異なる見方をしていた。ほとんどの投資家がアマゾンを予想不可能な事業だと分類していたが、スリープは違った。2000年代初頭、スリープは、アマゾンは長期的には成功すると自信をもって予想していた。

　スリープは、アマゾンは規模の経済の共有と呼ばれるコンセプトから利益を得ていることに気づいた。つまり、アマゾンの競争優位と売上高は自己実現的なサイクルのように増大するというわけだ。これについて考えてみよう。アマゾンは売上高が増えれば、利益が増大する。利益が増大するということは、より多くの資金を顧客体験の改善と費用の削減に再投資することができ、それによって価格を引き下げることができる。価格が下がり、顧客体験が改善するということは、より多くの顧客がアマゾンに引きつけられることになる。顧客が増えるということは利益が増えるということだ。利益が増えれば、アマゾンは顧客体験の改善と価格の引き下げに再投資できる。価格が下がり、顧客体験が改善するということは、より多くの顧客がアマゾンに引きつけられることになる。そして、このサイクルが繰り返される（投資初心者が理解しやすいように、この説明は少し簡略化している）。

　これによって、アマゾンは長期的には競合他社に対して強力な優位性を築くことができると、ニック・スリープは考えた。特に、アマゾンは常に競合他社よりも価格を引き下げることができるので、それによってeコマースを支配できることに彼は気づいた。

　そこで、スリープはアマゾンに多額の投資を行った。彼は自らの投資ファンドの資金のすべてを3つの銘柄に集中させた。バークシャー・ハサウェイ、コストコ、そしてもちろん、アマゾンである。

　そして、大成功を収めた。ファンドを運用していた13年間で、彼

図表2.1　ニック・スリープはアマゾンの成長は自己実現的サイクルだと気づいた

ジェフ・ベゾスが「ナプキンに描いたスケッチ」を再現

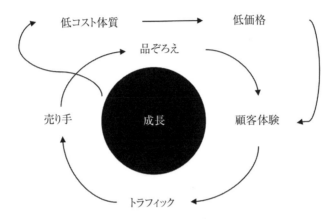

は921.1％のリターンを上げたが、これに対して、MSCIワールド・インデックスは116.9％だった。とりわけアマゾンの成長は大きなものだったので、あるとき彼の純資産の70％以上をアマゾンが占めることになった。

　スリープがアマゾンの将来を正確に予想し、だれよりも早く自らのコンピタンス領域に取り込めたことは興味深い。人々が理解可能な事業と呼ぶプロトタイプにアマゾンが合致しなかったにもかかわらず、だ。

　人々は「コカ・コーラのビジネスモデルはシンプルなので、自分はコカ・コーラを理解している」とよく口にする。だが、前述のとおり、コカ・コーラがシンプルな事業だとしても、ほとんどの人々がコカ・コーラを理解していない。さらに、当時のアマゾンの事業

はかなり複雑だったが、スリープはアマゾンを理解していた。

人々は「長きにわたって安定して売上高を伸ばしてきたので、自分はコノコフィリップスの将来を理解している」とよく口にする。だが、すでに見てきたとおり、企業が長きにわたって利益を生み出してきたという事実は、将来その企業がどうなるかを理解していることを意味しない。さらに、アマゾンには利益を生み出してきた実績はまったくなかったにもかかわらず、スリープはアマゾンの将来を予想できた。

人々は「自分は製品を利用して気に入っているので、GoPro（ゴープロ）を理解している」と口にする。だが、少し前に見てきたとおり、投資家は製品を気に入り、利用することはできるが、それが成功するかどうかについてはよく間違える。実際に、スリープの「規模の経済の共有」という知見は、アマゾンを利用するだけでは理解できなかっただろう。

では、スリープはどのようにしてアマゾンを自らのコンピタンス領域に取り込んだのだろうか。

私が考えるに、彼は私がコンピタンスの第2層と呼ぶものを構築した。このコンセプトはかなり分かりやすい。

名前が示すとおり、自らのコンピタンス領域には2つの階層がある。

第1層は、企業の競争優位を左右する高次の要素だ。第1層の要素は容易に特定できる。一般的な要素を挙げれば、製品の質、ブランド力、企業文化、経営陣の質、費用効率などだ。

第2層は、第1層の要素を左右する要素だ。それは、第1層のそれぞれの要素について企業の立場を強化したり、弱めたりする特徴である。マクドナルドについて言えば、ブランド力は重要で、容易

図表2.2　コンピタンスの第1層と第2層の違い

名称	定義	重要性
コンピタンスの第1層	●企業の競争優位を左右する要素 ●コカ・コーラについて言えば、ブランド力や商品の質など	●事業の競争上の立場が分かる ●今日、事業が成功している様子が分かる
コンピタンスの第2層	●コンピタンスの第1層を左右する要素 ●ブランドについて言えば、マーケティング費用やCMO（最高マーケティング責任者）の質など	●事業の競争上の変化が分かる ●成功している事業が将来どのようになるかを予想できる

に特定できる第1層の要素である。そして、第2層にはマクドナルドのブランド力を高めたり、弱めたりする要素が含まれる。広告のスタイル、ブランド連想、CMO（最高マーケティング責任者）の質、マーケティングミックスなどだ。

　第1層の要素とは異なり、第2層の要素を見いだすのは容易ではない。調査を行わなければ、おそらくこれらの要素を把握できない。ファストフード店にとってブランド力（第1層の要素）を持つことが重要なのは調査を行わなくても分かるが、実際に何がブランド力を高めたり、弱めたりするのか（第2層の要素）は調査を行わなければ分からない。さらに、第2層の要素は、企業や業界特有のものである可能性が高い。例えば、第1層の要素である健全な企業文化

図表2.3　マクドナルドのコンピタンスの第2層の一部の説明

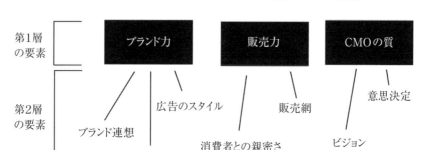

は事実上、すべての企業にとって重要だ。だが、企業が適切な文化を持っているかどうかを決める第2層の要素は企業によって異なる。テスラと競争している企業にはイノベーションを育む文化が必要だが、低コストの靴メーカーには倹約を旨とする文化が必要だ。同様に、製品の質は重要で、これはすべての企業の第1層の要素である。だが、製品の質が高いかどうかを決める第2層の要素は業界ごとに異なる。清涼飲料の分野では、製品の質は重要で、それは飲み物の味で決まる。出版業界でも製品の質は重要だが、本の味は重要ではない。むしろ、重要なのは洞察力だ。

　事業を評価するとき、たいていの場合、投資家の多くは第1層の要素だけを評価し、第2層には目を向けない。彼らはコカ・コーラが強力なブランド力を有していることは認識している。だが、何が

コカ・コーラのブランド力を高めたり、弱めたりするのかは理解していない。どれだけの人々がブランド力の鍵となるものを知っているだろうか。彼らはどのようにしてそれを認識するのだろうか。パッケージはどのような役割を果たしているのだろうか。どのようなマーケティングキャンペーンがブランド力を高めるのだろうか。

アップルには優れた製品があることを彼らは気づいている。だが、彼らは何がアップルの製品をそれほど魅力的なものにしているかについては知らない。デザインだろうか。特性だろうか。価格だろうか。それとも別の何かだろうか。

彼らは、消費者がGoProの製品を気に入っていることは分かる。だが、彼らは企業が消費者に対する製品のアピールを強めたり、弱めたりするために、どのようなレバーを引くのかを理解していない。

事業を評価するときに、コンピタンスの第2層を確立できれば、企業がどこに向かっているのかを把握できる可能性は高くなる。

物理学の視点で考えると、第1層の要素は対象物の現在の位置を教えてくれる。それは事業の現在の競争上の立場を教えてくれる。マクドナルドが強力なブランド力と優れた商品を持ち合わせていることが分かれば、今日、マクドナルドの事業が競争力を持っていることが分かる。

第2層の要素は、ある意味、対象物の変化に似ている。それは、事業がどこに向かっているかを理解する一助となる。今日、マクドナルドが強力なブランド力を有していることが分かっていても、それは明日も強力なブランド力があり続けることを意味しない。だが、彼らが賢明なブランドマーケティングのキャンペーンを展開していることが分かれば、明日も強力なブランド力を保持するだろうということは分かる。同社に素晴らしいCMOがいることが分かれば、

将来、さらにブランド力が強化されることが分かるだろう。そして、最近になって愚鈍なCMOを採用したことが分かれば、将来、ブランド力が弱まることが分かるだろう。

実際に、最良の投資家たちの多くが事業を分析するときに第2層の要素まで踏み込んでいることに気づく。

例としてニック・スリープを取り上げてみよう。2003年にアマゾンの分析をしていた多くの者たちが第1層の要素に目を向け、次のように語った。「アマゾンの事業に競争力はない。低コストの優位性はないし、持続的に顧客に低価格を提示できる力もない。利益を生み出してきた実績もない。現在はブランド力も強くないし、忠実な顧客層を有していない。したがって、この事業は弱く、投機的である」

だが、スリープの考えは違った。彼は「アマゾンは今日、顧客に競争力ある価格を提示していないので、弱い企業だ」とは言わなかった。むしろ彼は、同社が競争力のある価格で商品を提供する能力を高めたり、弱めたりする第2層の要素を理解しようとした。それこそが、彼が言う規模の経済の共有だ。

同様に、スリープはアマゾンが長期的には忠実な顧客層を構築すると確信していた。第1層の要素にだけ目を向け、「アマゾンには大きく、忠実な顧客層がないのでウォルマートより弱い」と言った投資家たちとは異なり、スリープは第2層の要素に注目した。彼は、アマゾンの忠実な顧客層を拡大したり、縮小したりする要素について考えた。そして、同社がより良い顧客体験と低価格を提供し、配送も早くなる可能性が高いので、顧客たちはアマゾンに対するロイヤリティーを高めるようになるだろうと結論した。そのため、将来アマゾンは、大きく、忠実な顧客層を有することになると彼は考え

たのだ。

　または、ウォーレン・バフェットについて考えてみよう。バーク
シャー・ハサウェイの1997年の年次総会で、バフェットは消費者行
動に関する質問を受けた。質問に答えるなかで、バフェットは第2
層の要素に踏み込むことでコカ・コーラは将来繁栄を続けるだろう
と予想した。

　　　現在、事実上、地球上の全人類、まぁ人口の75％としようか。
　　　彼らはコカ・コーラについて何かしら知っている。向こう1年
　　　でその知識は増えるだろう。そして、それが全体の位置付けを
　　　ほんの、ほんの少しだけ変えることになる。

　バフェットは、コカ・コーラには長きにわたって成長してきた実
績があるので成長を続けるだろうとは述べていない。その実績ゆえ
に、彼は今後も成長を続けると確信していたかもしれない。だが、
それは成長を続けるだろうと彼が述べた理由ではなかった。

　バフェットは、コカ・コーラには第1層の要素であるブランド力
があるので成長を続けるだろうとは述べていない。もちろん、ブラ
ンド力ゆえに、彼は今後も成長を続けると確信していたかもしれな
い。だが、今日コカ・コーラに強いブランド力があるという事実が、
成長を続けるだろうと彼が述べた理由ではなかった。

　むしろ、バフェットはブランドの競争上の立場を高めもすれば、
弱めもするブランド力の第2層の要素に踏み込んでいた。つまり、
どれだけの人々の心にコカ・コーラが強く「刻まれている」かだ。
要するに、コカ・コーラのようなブランドは、より多くの消費者の
心に、より強く刻まれれば成長する。ブランドを知る人々が増えれ

ば増えるほど、それを購入する可能性がある人々が増える。そして、ブランドがより強く心に刻まれれば刻まれるほど、最終的に彼らが購入する可能性は高まる。そのため、ブランドの将来を把握するためには、第2層の2つの要素を理解することが最も重要だ。つまり、どれだけの人がそのブランドを知っているか、そしてすべての人々の心にどれだけ強く刻まれているか、である。

　そのため、事業を理解する鍵は、第2層の要素を把握できるようになることだ。

　次のようなことを語る投資家になりたいとは思わないだろう。「コカ・コーラには強いブランド力があり、安定したキャッシュフローを生み出しているから、自分はコカ・コーラを理解している。だから、同社は将来も競争力を持つだろうと確信している」。これは正しい論理展開ではない。この場合、今日、コカ・コーラは強いブランド力を有しているので、将来も競争力があるだろうと主張しているにすぎない。もちろん、これは論理的な主張ではない。あるブランドが今日、競争力を有しているからと言って、将来も競争力が持続するとは言えない。ブランドに将来、競争力があるのは、将来も競争力がある場合だけだ。

　それよりも、次のようなことを語る投資家になりたいと思うだろう。「私はコカ・コーラの第2層の要素を理解しているので、同社を理解している。コカ・コーラのブランド力（第1層の要素）は同社の成功にとって重要だ。だが今日、コカ・コーラが強いブランド力を有するという事実が、同社が将来も競争力を持つことを意味しない。将来、コカ・コーラが競争力を持つかどうかを正しく理解するためには、コカ・コーラの第2層の要素を理解しなければならない。つまり、コカ・コーラのブランド力、商品の質、販売力を高め

もすれば弱めもする要素だ」

　２つの要素が、その事業が自らのコンピタンス領域の内側にある
かどうかを決める。

　１つ目は、事業の第２層の要素を見いだせるかどうかだ。事業の
第２層の要素を見いだすことができなければ、その事業を理解して
いない。これが人々がコカ・コーラを理解していない理由である。
彼らはコカ・コーラのコンピタンスの第１層を把握しているだけだ。

　彼らはコカ・コーラの商品は素晴らしいことは知っている。

　彼らはコカ・コーラには強いブランド力があることは知っている。

　そして、願わくは、少なくとも少数の投資家は、コカ・コーラが
歴史上最も売れた消費財の１つであることは知っている。

　だが、ほとんどの投資家はコカ・コーラの第２層の要素を見いだ
せない。言い換えれば、彼らはコカ・コーラに関するコンピタンス
の第２層を構築できていない。彼らは、何がコカ・コーラのブラン
ド力を強めたり弱めたりするのかが分かっていない。彼らは、幸福
を強く連想させることがコカ・コーラの競争上の立場にどれほど重
要かを理解していない。彼らは、ペプシがマーケティングにより多
くの資金を投じることを決めたからといって、同社が市場シェアを
獲得するのがどれほど難しいか、もしくは簡単かが分からない。結
果として、彼らはただ推測するばかりで、コカ・コーラが将来も強
くなるのか、将来は弱くなるのかを評価できない。

　しかし、事業の第２層の要素を見いだせるだけでは不十分である。
それらの要素が長期的にどのように作用するかも予想できなければ
ならない。この２つ目の理由が、チャーリー・マンガーがアップル
は自分のコンピタンス領域の内側にはないと言った理由を説明する
ことになる。

　おそらく彼はアップルの強さの第2層の要素を理解していた。彼は、何がアップルのブランド力を高めもすれば弱めもするかを知っていた。コカ・コーラのようなブランドを徹底的に研究してきた者と同じように、マンガーは何が将来アップルブランドを成功させる、または失敗させるかを知っていた。同様に、彼は同社の製品の質の第2層の要素を理解していた。消費財の過去10年における成功や失敗を研究してきた者と同じように、彼は製品の成功や失敗につながる要因を少なくとも基本的には理解していた。「では、なぜマンガーはアップルを理解していないのだろうか。結局のところ、彼は製品の成否を決める重要な第2層の要素のいくつかを知っている可能性が高い」

　答えはシンプルだ。マンガーはそれら第2層の要素が将来アップルにどのような影響を及ぼすかを予想する自信がなかったのだ。マンガーは、ハイテク企業は理解できないとよく口にする。それには明確な理由がある。事業の第2層の要素が将来どのように作用するか容易に予想できないのだ。アップルを例にしてみよう。第1層の要素である製品の質が重要であることは容易に理解できる。そして、少しばかり調査を行えば、スマホのユーザインタフェースが製品の質を決める重要な第2層の要素であることを理解するのはそれほど難しくない。だが、ユーザインタフェースという点において、将来、アップルの競争力が高まるか弱まるかを評価するのは難しい。ハイテク業界では、事態は急速に変化する。革新的なハイテク企業はあっという間に自社製品の質を改善できる。結果として、マンガーのような投資家が、アップルやアンドロイドが向こう5年か10年のうちにスマホのデザインやユーザインタフェースを改善するかどうかを把握するのは難しい。ユーザインタフェースの質が製品の質を決

める重要な第2層の要素であることを理解するのはそれほど難しくない。だが、マンガーが、アップルが将来も最良のインターフェースを手にするかどうかを理解するのは容易ではない。

　事業が自らのコンピタンス領域の内側にあるためには2つのことが当てはまる必要がある。第1に、事業の第2層の要素を見いだせなければならない。今日、コカ・コーラに強力なブランド力があることを見いだせるならば、それは素晴らしいことだ。だが、長期的にブランド力や製品の質を高めたり、弱めたりする第2層の要素を理解していなければ、将来を予想できるとは思わないはずだ。第2に、それらの要素が将来どのように作用するかを理解できなければならない。iPhoneのデザインやユーザインタフェースが製品の質を決める重要な要素であることを理解できるならば、それは素晴らしい。だが、長期的にアップルが優れたデザインとインターフェースを持つことが確実に分からなければ、アップルの将来を理解しているとは言えない。

　企業を評価するときには、常にその事業にとって重要となる第1層の要素をリストアップすべきである。投資の初心者にとっては、それらの要素を最も重要なものから最も重要ではないものまでランク付けすることが有益だ。そうすることで、調査すべきことの優先順位を付けられる。さらに重要なことに、そうすることで、事業で本当に重要な要素とそうでない要素について考えを巡らせることになる。

　次に、第1層の要素について企業の立ち位置を決める第2層の要素を書き出せばよい。その業界では製品の質が重要ならば、製品の良し悪しを決める要素を書き出すのだ。ブランディングが重要であれば、何がブランド力を高めたり弱めたりするのかを書き出せばよ

い。

　最後に、第１層の要素と第２層の要素の双方に基づいて事業を評価する。第１層の要素について事業がどのようになっているかを理解すれば、今日、その事業がどのくらい競争力を有するかが分かる。もちろん、それは投資判断を下す役に立つ。だが、将来企業が強くなるか弱くなるか、そしてどの程度強くなるか弱くなるかを本当に理解するためには、第２層の要素にまで踏み込まなければならない。

　事業の競争上の立場を理解するだけではダメなのだ。競争力の変化も理解しなければならない。バフェットはかつて次のように述べた。「私が滑って行くのはパックが向かって行く先だ、パックがあった元の場所ではない」

　平均的な投資家は企業の競争上の立場を調査する。

　桁外れの投資家たちは何が企業の競争上の立場を左右するかを調査する。

第3章
80%パストルールに従え

Follow The 80% Past Rule

　ある夜、チャーリー・マンガーとモニッシュ・パブライはディナーをともにしていた。その途中、マンガーはGM（ゼネラルモーターズ）の歴史について研究したいとパブライに何気なく語った。

　これに対して、パブライは株式調査のウェブサイトからその情報を得るように提案した。「バリューラインなどで企業の長い歴史が分かりますよ」

　「違う、そういうことじゃない。私はGMの100年の歴史、100年の業績が知りたいんだ」とマンガーは答えた。

　パブライには、そのような古い年次報告書がどこで手に入るのか分からなかった。そして、その夜のGMに関する議論は終わった。

　数週間後、パブライはボストン大学で講義を行っていた。プレゼンテーションの一環として、彼はアメリカン・エキスプレスの分析を学生たちに示して見せた。彼の分析の役に立とうとした1人の学生が、ボストン大学には1950年代以降のアメリカン・エキスプレスの年次報告書があると何気なく口にした。

　その後、パブライは同校には古い年次報告書がたくさんあることを知り、マンガーが古い年次報告書を探していることを思い出した。

状況を理解した彼はその学生にGMの古い年次報告書があるかどうか尋ねた。学生は大学が保有していると言った。事実、同校には1912年以降の2万4000ページ分に上る年次報告書があり、その後、パブライはそれをマンガーに提供した。

「マンガーが100年分のGMの年次報告書を手に入れることができたのは素晴らしいが、そもそもどうして彼はそれを欲しがったのだろうか。1912年にGMがどのくらいのお金を稼いでいたかを知ることがどうして重要だったのだろうか」と不思議に思うかもしれない。

ところで、パブライはこのことを大学の別のグループの学生たちに語ったが、彼は学生たちが同じ疑問を抱くことは分かっていた。つまり、「どうしてマンガーはそもそもそんな古い年次報告書を欲しがったのか」と。そこでパブライは学生たちにシンプルな説明をした。マンガーは「世の中の仕組みをもっとよく知りたかっただけだ」。

マンガーの行動は80%パストルールの完璧な例である。事業が成功するか失敗する理由を学ぶためには、歴史の調査に80%の時間を割き、20%の時間で現在の状況を研究し、投資判断を下せばよい。

ほとんどの人々は株式の調査を行う場合、現在の状況について研究する。例えば、彼らは企業の将来を予想するために、現在の業界のトレンドについて研究する。彼らは企業の直近の財務データを手に入れるために、直近の年次報告書を読む。彼らは企業の現在の経営陣を評価する。彼らは現在のニュース記事を読んで、世界で何が起きているのかを知ろうとする。そして、彼らは最新の調査結果をもとに買うか売るかの判断を下す。

一方、成功している投資家は異なる方法をとる。彼らは調査努力のほとんどを企業の現在の状況を理解することに向けることはない。

むしろ彼らは過去を研究する。例として、ウォーレン・バフェット
が行ったコカ・コーラの研究を取り上げてみよう。

1988年にバフェットが株式を買ったとき、コカ・コーラはとても
魅力的な投資対象だった。その1つは、同社は強力なブランド力を
持つ質の高い企業だった。さらに、バフェットがコカ・コーラを買
ったのはブラックマンデー、つまり1987年の株式市場の暴落の数カ
月後だったので、多くの投資家が質の高い企業を割安だとみなして
いた。「皆が恐怖を抱いているときこそ強欲」であれば、1987年の
暴落は完璧な買いのチャンスを生み出したことになる。

コカ・コーラの事業は魅力的なので、多くの人々は簡単な投資判
断だったと考える。要するに、実際にバフェットはどのくらいの調
査を行う必要があったのだろうか、と。事業は強力で、株式は割安
だった。それ以外に彼は何を知る必要があったのだろうか。

だが、それほど簡単に投資判断を下したのではなかったことが分
かる。

バフェットは投資判断を下すためにコカ・コーラとペプシの直近
の年次報告書を読むだけでなく、10年分を超える年次報告書を読み、
コカ・コーラの歴史を深く分析した。そのとおり。彼は投資判断を
下すまでに、コカ・コーラの10年分を超える年次報告書を読んだ。
言い換えれば、彼は最新の年次報告書だけでなく、さらに古い年次
報告書を読んだ。

バフェットのバンク・オブ・アメリカに対する投資について考え
てみよう。かつてCNBCのベッキー・クイックはバンク・オブ・
アメリカへの投資についてどのような調査を行ったのかとバフェッ
トに尋ねた。バフェットはどう答えただろうか。彼はバンク・オブ・
アメリカの直近の年次報告書を読んだと答えたのではない。バンク・

オブ・アメリカの過去10年分の年次報告書を読んだと答えたのでもない。さらには、過去25年分の年次報告書を読んだと答えたのでもなかった。彼は、投資判断を下すまでに過去50年分のバンク・オブ・アメリカの年次報告書をすべて読んだと答えた。

　彼が過去の年次報告書を読むことに焦点を当てる理由は極めてシンプルだ。

　人間の脳は予想する機械だ。常に知識を用いて、物事の結果を予想しようとする。経歴書を提出するとき、脳は仕事を得られる可能性を評価している。製品を買うとき、脳はお金を払う価値があるかどうかを評価しようとしている。同じことが株式市場にも当てはまる。常に脳は、事業が成功するか失敗する可能性を予想しようとしている。

　常に脳は過去のデータを頼りに予想をしようとする。予想する必要がある場合、脳は正確な予想を下す一助となる情報を検索する。コカ・コーラの株式を分析しているとしよう。その場合、自動的に脳はコカ・コーラの将来を予想する一助となるようなあらゆる情報を検索する。消費者はどのくらいの頻度でペプシではなくコカ・コーラを選択するか、巨大ブランドはどのくらいの頻度で失敗するかについての知識や同じような類いの情報を引き出そうとする。

　だが、われわれの予想する機械は、将来について必ずしも完璧な予想をするわけではない。ほとんどの人々は間違いなく仕事を得られると考えて経歴書を提出するのだが、1回目の面接にすらたどり着けないことがある。ほとんどの人々は最終的にお金を無駄にした製品を買ったことがある。そして、すべての投資家たちは株式のリスクとリワードについて計算違いをすることがある。

　人々は合理的だと仮定するならば、お粗末な予想をする主たる理

由は正確なデータを持ち合わせていないことだ。

十分なデータを持ち合わせていない場合もある。十分なデータを持ち合わせていないことで、私が知るある人物は最小限のリスクで純資産を２倍にする機会を見逃した。ほとんどの人々は概してアクティブ運用の投資信託よりもインデックスファンドに投資したほうが良いことを知っている。インデックスファンドは手数料が安く、対象とするインデックスにおおよそ近いリターンをもたらす。しかし、私はインデックスファンドなど聞いたこともなかったという人物を知っている。彼はアクティブ運用の投資信託にすべてを投じ、そしてそれを忘れていた。そのため、彼は最終的に人生のほとんどで多額の手数料を支払うことになった。そして、市場にアンダーパフォームすることにもなった。計算をしてみると、彼がインデックスファンドとその効果を知っていれば、リスクを増やすことなく投資ポートフォリオの価値を75％も高められたことが分かった。つまり、選択肢となる投資対象に関する十分なデータを持っていなかっただけで、彼は自らの投資ポートフォリオを２倍にする可能性を犠牲にしたのだ。

また、人々が正確なデータを持っていない場合がある。私は大学でインターンに申し込んだときのことを覚えている。そのポジションはそれほど競争が厳しいようには思えなかった。リンクトインによれば、申込者は数十人にすぎなかった。そのため、そのポジションを手にするのは簡単だと思った。数カ月が過ぎ、私は企業の面接にたどり着いた。私は指導教授のマーフィー氏に良い知らせを伝えた。彼が常にわれわれのキャリアに関心を持っていたからだ。さらに、私はそのポジションはそれほど競争が厳しいようには思えないので、成功する見込みが高いと思うと彼に伝えた。だが、私は予期

しないニュースを知ることになった。彼は、実際のところそのポジションはとても競争が厳しいのだと言った。私は混乱した。「申込者がそれほど多くないのに、どうして競争が厳しいのだろうか」。私が正確なデータを持ち合わせていなかったことが分かる。リンクトイン上の「申込者数」は実際の申込者たちの競争力を示す優れた指標ではなかった。なぜなら、私は彼らがほかの媒体からも多くの申し込みを受けていることに気づいたからだ。結局、私は不合格となった。私は簡単にポジションに就けると予想したが、正確なデータを持ち合わせていなかったので間違えた。

　つまり、持ち合わせているデータの正確さを超える正確な判断は下せない。重要なデータに気づいていないとしたら、お粗末な予想をすることになる。これはインデックスファンドを知らなかった人物に起こったことだ。誤った情報に基づいて判断しているならば、誤った結論に至る。そのため私はインターンに選ばれる可能性を見誤った。

　特に投資判断を下すためには、事業が成功する理由に関するデータが必要だ。投資で成功するためには、①どの事業が成功し、失敗するのか、②どの程度成功し、失敗するのか——を予想しなければならない。そのような予想をする能力は手にしたデータに依存する。事業が成功するか失敗する理由について正確な情報をたくさん持っていれば、優れた予想ができる（ここでは合理的な判断が下せると仮定している）。そうでなければ、経験に基づいた推測をするにすぎなくなる。

　そこに古い年次報告書を読むという話が出てくる。古い年次報告書は事業が成功するか失敗する理由に関する情報の宝庫だ。そこには、経営陣が下してきた判断やそれらの判断が事業に与えた影響に

関する豊富な情報が含まれている。そのため、古い年次報告書を読み始めれば、事業が成功するか失敗する多くの情報を得られるだろう。そうすることで、自らの知能は、将来どの事業が成功し、失敗するかを予想するためのより良いデータを持つようになる。

　実際に、最も大きな投資の失敗のいくつかは過去のデータを見落としたことで発生している。レイ・ダリオを例としてみよう。

　1982年、メキシコは国債の債務不履行に陥った。そのデフォルトで金融市場には不安が広まった。もちろん、どの国がデフォルトしても人々は不安を感じる。だが、今回は普通の状況ではなかった。事態は悪化すると予想されたので不安も大きかった。当時、アメリカの大手銀行は、メキシコと同程度のリスク水準にあった国々にも多額の資金を貸し出していた。つまり、ほかの多くの国々もデフォルトに陥る可能性が高く、それが大きな金融危機の引き金になりかねないということだ。ダリオの言葉を借りれば、「経済が崩壊する……可能性が75％あった」。

　経済が不安定であることを認識していたダリオは、最悪の事態はまだ先だと考えた。彼はテレビ番組のウォール・ストリート・ウイーク・ウィズ・ルイス・ルカイザーに出演し、不況になると「宣言した」。彼はTビルと先物、そして最悪のシナリオで最も良いパフォーマンスを示すと考えた金（ゴールド）に投資した。

　ダリオにとって問題だったのは、彼の予想が外れたことだ。危機はやって来なかった。市場は暴落しなかった。実際に、株式市場は最終的に「記録的な」活況を呈した。簡単に説明すると、FRB（米連邦準備制度理事会）が金利を引き下げ、ハイパーインフレを引き起こすことなく経済を刺激できた。さらに、FRBとIMF（国際通貨基金）は安全に債務を返済できるよう債務国と協力できたのだ。

この誤りはダリオ最大の失敗の1つとなった。彼が著書の『PRINCIPLES（プリンシプルズ）──人生と仕事の原則』（日本経済新聞出版社）で振り返っているように、「ブリッジウオーターで築き上げたすべてを台無し」にされ、「振り出しに戻った」ことで、まるで「頭をぶん殴られた」ように感じた。要するに、彼の評判は地に落ちた。

何年後かにこの出来事を振り返って、ダリオはすべての投資の失敗は歴史を勉強しさえすれば防げると述べた。

> 私は歴史を学ぶことの価値を再認識した。実際に起こったことは結局のところ「よくあること」だったのだ。私は、自国通貨建ての債務は政府の支援があればうまく再編できること、そして各国の中央銀行が同時に刺激策を講じれば（彼らが大恐慌の底にあった1932年8月や1982年に行ったように）、インフレもデフレも相殺されることに気づくべきだった。1971年時点では、私は歴史の教訓を認識できなかったのだ。

ダリオが現在を研究すれば投資予想は改善したとは言わなかったことに注意してほしい。彼は当時経済で起きていたことをもっと掘り下げて調べる必要があったとは言っていない。彼はFRBが行っていることやインフレがどうなるかについて学ぶ必要はなかった。ただ、過去を研究すればよかったのだ。

最新の情報があっても、ダリオは現在、世界で起きていることが分かっただけだが、過去の情報があれば、彼は将来どうなるかがもっと分かった。

かつて、ある者がマンガーに機会があるとしたら大学で金融を学

ぶ学生にどのような指導をするかと尋ねた。彼はこの質問にどう答えただろうか。彼は、学生たちに損益計算書から利益率を計算する方法を教えるとは言わなかった。彼は、学生たちにExcelを使って財務モデルを構築する方法を教えるとは言わなかった。彼は、学生たちに年次報告書の読み方を教えるとは言わなかった。そうではなく、彼は、過去に事業が成功したり失敗した理由に関する100件のケーススタディーをやらせると答えた。なぜだろうか。繰り返しになるが、投資判断を下すためには歴史を徹底的に研究しなければならない。過去に事業が成功したり失敗した理由が分からなければ、将来、事業が成功する理由も失敗する理由も分からないからだ。

　だが、重要な疑問が残っている。歴史から学ぶために、実際にどのように年次報告書を用いるのだろうか。「年次報告書は文字どおり何百ページにも及ぶ。どうすればどのページを読むべきかが分かるのだろうか。年次報告書で何を知ろうとしているのだろうか」

　正直に記せば、それは状況次第だ。年次報告書で読むべき重要なところは企業によって変わる。借り入れが多すぎて破綻した企業の研究をしているのかもしれない。その場合、企業の貸借対照表を分析すれば、「高すぎるレバレッジ」とはどのようなものか分かる。消費者の目には時代遅れとなった小売店の研究をしているのならば、貸借対照表を研究してもおそらくあまり得るものはない。貸借対照表を読めば企業の借り入れ水準は分かるが、消費者のトレンドがどのように企業を時代遅れにしてしまうかについては何も分からない。むしろ、消費者のトレンドに関する経営陣の議論を読むほうがはるかに有益だ。

　だが、古い年次報告書で読むべき最も重要な部分を割り出すためには、次の2つの問題について考える必要がある。

　1つ目は、「当該期間において大きく変化したKPI（重要業績評価指標）は何だろうか」だ。売上高が大幅に変動したのだろうか。売上原価が大幅に増大したのだろうか。資本支出が大きく増えたのだろうか。もしくは、何か別のものが変化したのだろうか。

　2つ目は、「年次報告書のどこを読めば、このKPIが変化した理由が分かるだろうか」だ。

　1つ目は、年次報告書で学ぶべき最も重要な事柄に焦点を当てる一助となる。結局のところ、年次報告書にはたくさんの財務指標が掲載されている。それらすべてを理解することなどできない。KPI──企業の最も重要な財務指標──に集中すれば、企業の競争力を測る最良の指標に焦点を当てることになる。

　2つ目は、年次報告書で目を向けるべき適切な部分を割り出す一助となる。古い年次報告書を読むときには常に1つの目的があることを思い出してほしい。つまり、事業が成功するか失敗する要因を理解することだ。2つ目を考えることで、年次報告書のどの部分を読めば、事業が成功したり失敗する理由を理解でき、無関係の情報を読み飛ばすことができるかを考えるようになる。

　実際に、ここで説明した方法はマンガーがとっている方法に似ている。マンガーは古い年次報告書を読むとき、第1にどのKPIが変化したかを理解しようとしている。次に、年次報告書を用いて、どうしてそのように変化したのかを理解しようとする。彼はバークシャー・ハサウェイの年次総会で次のように述べた。

　　ビジネススクールで教えるとしたら、バリュー・ラインのような数字を使って、人々にGMのすべての歴史を説明するだろう。そして、グラフやデータの変化と、事業で何が起こったかを関

連付けようとするだろう（バリュー・ラインは株式調査のツールを提供している。同社は企業の長期にわたるKPI——収益、利益、営業利益など——のグラフを用いることで知られている）。

　だが、少し考えれば、歴史のすべてに目を通すことなどできないと分かる。大手5社が活動する業界を分析しているとしてみよう。それぞれの企業が年次報告書を公表している。20年分の歴史を研究しようと思えば、100冊の年次報告書を読まなければならない。1冊の年次報告書を読むのに少なくとも1時間かかるとすれば、その業界だけで100時間かかることになる。さらには、おそらく最初に分析した企業には優れた投資機会を見いだせないだろう。最初に分析した業界で完璧な投資機会が見つかるには相当な運が必要だ。そのため、少なくとも5つの業界は分析する必要があるだろう。つまり、500時間（20.8日分）の作業が必要になる。

　これはほとんどの人々にとって不可能に近い。そこで、どのような類いの年次報告書を読むかを伝えることで、調査の対象を絞り込む手助けをさせてほしい。

リポート1——もはや報告書を公表していない企業の年次報告書

　マンガーには「逆に考える」という有名な原理がある。「逆に考える」とは、問題はひっくり返したほうが解決しやすいというものだ。つまり、何かの方法を学びたいと思うなら、第1にそれをしない方法を学ばなければならないということである。

　例えば、ファストフード店を開いて成功する方法を学びたいと思

っているとしよう。多くの人々が最初に行うのは、ファストフード店を開いて成功する方法を学ぶことだ。マクドナルドやスターバックスのような成功例を研究して、成功の要因を分解してまねしようとする。

だが、「逆に考える」ではその反対のことをするのだ。「逆に考える」では、成功するファストフード店を開く方法を学ぶために、成功するファストフード店を開く方法を学ぶのではなく、成功しないファストフード店を開く方法を学ばなければならない、となる。言い換えれば、次なるマクドナルドを開く方法を学ぶために、失敗した無名のファストフード店を研究しなければならない。

表面的には、「逆に考える」は奇妙に思えるかもしれない。次なるマクドナルドを立ち上げる方法を学びたいのに、どうして無名のファストフード店の研究が重要なのだろうか。それでファストフード店を経営する方法が学べるのだろうか。彼ら自身がファストフード店を経営する方法を分かっていない。どうしてマクドナルドやスターバックスのように大成功した例を研究しないのだろうか。

実際のところ、その理由はかなり分かりやすい。

人生の多くの場面で、多くの物事を正しく行うことができるが、それでも大きな間違いを犯せば失敗することになる。例としてファストフード店を開くとしてみよう。街で一番おいしい料理を提供できる。だが、自分のファストフード店を売り込む方法を知らなければ、だれも気づかない。すると、彼らは競合他社のファストフード店で食事をすることになる。経歴書を例としてみよう。職務資格は最も優れている。しかし、正しい文章が書けなければ、彼らは「文法も知らない希望者」として記憶される。

同じことが投資にも当てはまる。事業には何回も追い風が吹くこ

とがある。だが、一度強烈な向かい風を受けると、その他すべての追い風を無駄にしてしまう。

　例えば、2000年代初頭にブロックバスターに投資する確たる理由はたくさんあった。彼らはニッチ市場で最も大きな企業だった。彼らには人々が愛するサービスとブランドがあった。彼らは市場の75％ほどをまだ支配していなかったので、市場シェアを高める大きなチャンスがあった。ブロックバスターのCEO（最高経営責任者）であるジョン・アンティオコが入社したとき、彼は費用を削減し、市場シェアを高める数多くの機会を見いだした。売上高は堅調に増えた。1999年から2003年までに売上高は44億ドルから59億ドルまで増えた。

　だが、最終的にこれらすべての追い風は重要ではなかった。ネットフリックスがブロックバスターよりも優れたサービスを生み出したことで、ブロックバスターは最終的に破綻してしまった。

　「逆に考える」は、「うまくいかず、投資を台無しにしかねない1つのこと」を気づかせてくれる。マクドナルドやスターバックスなどの成功した事業ばかりを研究していても、「うまくいかず、投資を台無しにしかねない1つのこと」に遭遇する可能性は低い。非常に成功している事業が成功している理由は、彼らが大きな誤りを回避していることにある。結果として、うまくいっている事業ばかりを研究しても、事業でうまくいかない可能性があることはけっして学べない。一方で、うまくいかなかった事業を研究すれば、事業でうまくいかない事柄に気づくようになる。

　さらに、「逆に考える」を適用することで、投資テーマをよりバランスの取れたものにできる。成功した事業ばかりを研究していても、事業を成功させる要素ばかりを学ぶことになる。成功例ばかり

を研究していると、事業の上昇余地を評価する能力は高まる。だが、失敗例を研究しないと、事業で起こるリスクを効率的に研究することはできない。そして、重要なリスクを見落とすことになる。結局、成功例を研究し、失敗例を研究しないと、自らの投資を過信することになる。これはだれも望んでいないことだ。

　実際に、失敗例の研究は多くの成功している投資家に共通する行動だ。コカ・コーラの年次総会で、コカ・コーラのCEOであるムフター・ケントはバフェットに彼のビジネス哲学について質問した。彼が明らかにした知見の1つが、失敗例の研究が彼の投資プロセスの重要な要素だということだ。「私は失敗例を研究しようとしている。実際に……われわれは何が事業をダメにするのか知りたい」

　つまり、うまくいかなかった事業を研究すべきなのだ。マクドナルドに投資をしているならば、マクドナルドの年次報告書だけを読んでいればよいのではない。だれも聞いたことのないファストフード店の年次報告書も読むべきである。昨年破綻したファストフード店の年次報告書も読むべきだ。ネットフリックスに投資をしているならば、ネットフリックスの年次報告書だけを読んでいればよいのではない。ブロックバスターの年次報告書も読むべきだ。今日、ブロックバスターはもはや営業していないが、それでも今日ネットフリックスへの投資を計画しているならば、ブロックバスターの年次報告書も読んだほうがよい。ブロックバスターの過去の年次報告書は、ネットフリックスのような事業において失敗につながる基本的な要因を理解する手がかりを与えてくれる。

　私の考えでは、倒産した企業の年次報告書を読むことは、実行できる最も重要なことの1つである。それをしなければ、最終的に自らの投資ポートフォリオを台無しにしかねないリスクを見落とす可

能性がある。

　だが、だれも失敗例を研究しないのは興味深い。自分が知っている人物が完全に破綻した企業、つまりもはや株式市場で取引されていない企業の年次報告書を最後に読んだのはいつだっただろうか。ほとんどの人々が、自分自身や知り合いが倒産した企業の年次報告書を読んだ例を１つも思い出せないはずだ。そのため、読むべき最も重要な年次報告書とはけっして読まれることのない年次報告書なのである。

リポート２──設立したばかりの企業のCEOの書簡と年次報告書

　すべてのCEOとIR部門は理想としては企業を良く見せたいと考えている。CEOの報酬は企業の株価に結び付けられていることが多い。株価が上がれば上がるほど、彼らの報酬も増える。さらに、IR部門は企業をできるかぎり良く見せることが自らの仕事だと考えている。バフェットはかつて次のように述べた。「多くの企業に……IRの担当者がいるが、常に彼らは良いニュースだと自ら考えるものを発表したがっている」

　投資家を喜ばせるために、企業は業績を強調する。ウォール街の人々は財務モデルを構築したり、財務諸表を分析したりすることを好む金融の専門家だ。そのため、ほとんどの投資家は堅調な売上高の増大や利益率を目にすると大喜びする。

　通常、健全な大手企業であれば、強調すべき財務指標を問題なく見いだすことができる。彼らには確かな競争優位があるので、高い利益率や成長率を示すことは難しくない。そのため、そのような企

業のCEOは堅調な業績を強調することで企業を良く見せようとする。

　だが、アーリーステージにある企業は強調すべき財務指標をたくさん見つけることができない。アーリーステージの企業の業績はそれほど印象的ではないことが多い。通常、そのような企業は損を出しているものだ。成長のための資金を賄うために多額の借り入れを用いているかもしれない。配当などあろうはずもなく、利益率などの重要なKPIはかなり不安定かもしれない。

　したがって、アーリーステージの企業が投資家を引きつけるために財務指標ばかりに焦点を当てることはない。むしろ、アーリーステージの企業のCEOは次の2つを語ることで投資家を喜ばせる。

　第1は、彼らは事業のビジョンについて語る。投資家は壮大な事業のビジョンを聞きたがる。特に、事業が多くのリスクを抱えている場合、投資家は大きな上昇余地があるという話を聞きたがる。

　第2は、さらに重要だが、CEOは自らのビジョンをどのように実現するかを語る。賢明な投資家は、上昇余地が大きいというだけでは企業に投資しない。もしそうするのであれば、彼らは新しいハイテク企業のすべてに投資をする。彼らはCEOが自らのビジョンを実現するためのプランを理解しようとする。彼らはどのように製品を改善するのだろうか。彼らはどのように費用を削減するのだろうか。彼らは自らの製品をどのように位置付け、どのように売り込むのだろうか。

　アーリーステージの企業には事業戦略のような定性的な要因について多くを語る傾向があるという事実を利用できる。

　事業を理解するために、成功につながる要因を理解しようとしていることを思い出してほしい。利益率や売上高の成長率といった企業の財務数値を覚えようとしているのではない。成否を左右する事

業戦略上の判断を把握しようとしているのだ。

　そのため、企業を理解しようとしているならば、その企業の年次報告書と株主に宛てたCEOの書簡を初期の段階から読むことが効果的である。これらの文書には、事業を成功させる要因に関するたくさんの情報が含まれていることが多い。要するに、それは船出したばかりの企業が株主たちと共有すべきことなのだ。彼らは素晴らしい業績を強調できないので、企業が成功すると確信している理由を強調する。それこそが事業を理解するために知る必要があることであり、通常はアーリーステージの企業とのコミュニケーションで強調されることである。

　例えば、今日、アマゾンを理解しようとしているとしよう。同社の直近のCEOの書簡を読むことはできる。ほとんどの人々がそうするだろう。もちろん、それ自体に何も悪いことはない。

　だが、そうすることの問題点は、そもそもアマゾンが成功している基本的な理由について多くは語られていないことだ。ジェフ・ベゾスの2019年の株主への書簡は、多様性・公平性・包括性やESG（環境・社会・ガバナンス）に関するイニシアチブといったアマゾンが現在取り組んでいることに重きが置かれている。さらに、アマゾンの新CEOであるアンディ・ジャシーが2021年の株主への書簡で主に語っているのは、財務面のKPIや最近の社会イニシアチブである（それでも、私は、企業文化を知る手がかりをもたらし、それが企業の成功にどのように作用しているかを投資家が理解する手助けをすることではCEOたちは素晴らしい仕事をしていると言うだろう）。

　今日、アマゾンが成功している根本的な理由を知るためには、ベゾスが株主に宛てた最初の書簡となったアマゾンの1997年の株主への書簡まで立ち返る必要がある。それは、ベゾスがビジョンを売り

込み、アマゾンが成功すると考えている理由を示さなければならない書簡である。その書簡を読めば、今日、アマゾンが成功している要因を知ることができる。つまり、次のような要因である。

- ●「簡単に閲覧」や「簡単に検索」できるプラットフォーム
- ●ワンクリックで買い物ができる
- ●「膨大なレビュー件数」
- ●はるかに多い品ぞろえ
- ●24時間営業
- ●手ごろな価格

　このような知見はアマゾンに関するコンピタンスの第2層を築く一助となる。アマゾンにとって重要な第1層の要素が顧客体験であることは事実上すべての投資家が知っている。しかし、アマゾンの顧客体験の質を高めもすれば、損ないもする第2層の要素を知っている投資家はそれほど多くない。したがって、何がアマゾンの成功の行方を左右するかを知っている投資家はそれほど多くない。しかし、1997年のベゾスの株主への書簡では、アマゾンの成功を左右する最も重要な第2層の要素が率直に記されている。つまり、品ぞろえ、使いやすさ、レビューなどだ。そして、投資家が行うべきことはこれら第2層の要素が将来どのように作用するかを理解することで、将来のアマゾンの競争上の立場を評価できるようにすることだ。
　しかし、抜け目ない読者はあることに気づくだろう。それは、ベゾスの1997年の書簡に記された知見の多くはアマゾンの最近の年次報告書でも見つけられることだ。実際に、「事業概要」の項の大部分は顧客体験の重要性を語ることに費やされている。そこで、重要

な疑問が出てくる。つまり、直近の年次報告書でも同じ情報が見つかるならば、ベゾスの古いCEOの書簡を読むことにどのような意味があるのか。

　最近の年次報告書ではなく、古いCEOの書簡を読むことの主たる利点は、古いCEOの書簡がパレートの法則（80/20の法則）、言い換えれば、効率的なことだ。

　一般的に、年次報告書は全体を網羅しようとしている。企業経営に影響を及ぼすすべての要素を取り上げようとする。例えば、アマゾンの2021年の年次報告書には、アマゾンの事業に関して考え得るほとんどすべての大きなリスクが10ページにわたって記されている。そのいくつかを挙げれば次のとおりだ。

●在庫リスク
●支払いに関するリスク
●サプライヤー関係のリスク
●経済的リスク

　だが、問題は年次報告書で取り上げられた項目の多くがアマゾンの成功を左右する最も重要なパレートの法則の要素ではないことだ。例えば、アマゾンへの投資に付随するマクロ経済のリスクを知ることはそれほど重要ではない。世界的な電子商取引サイトの長期的な収益性が、経済のわずかばかりの停滞やインフレ率の上昇を理由に低下したことなど1回もなかった。そのため、経済的な要素がアマゾンにどのような影響を及ぼすかに焦点を当てるのは、最も優れた時間の使い方ではない。同様に、不正行為のような支払いに関するリスクを知ることもそれほど重要ではない。事実上、すべての企業

がある程度不正絡みのリスクにさらされており、アマゾンが抱える
そのようなリスクがフォーチュン500の他の企業よりも極端に小さ
いわけではない。そのため、不正関連のリスクを分析しても、アマ
ゾンとウォルマートのどちらが優れた銘柄かは判断できない。

　一方、CEOの書簡はパレートの法則である可能性がはるかに高い。
たいていの場合、年次報告書は少なくとも100ページはあるが、
CEOの書簡はせいぜい数ページだ。結果として、CEOは簡潔な文
章を書く傾向にあり、そのため企業で最も重要な要素に集中せざる
を得なくなる。これはベゾスの1997年の株主への書簡にも当てはま
る。そこではアマゾンの長期的な競争上の立場を決める最も重要な
要素に焦点を当てていた。つまり、品ぞろえ、使いやすさ、手ごろ
な価格である。

　最後に特筆すべきは、CEOの書簡はユニークな視点が垣間見え
るので、古い年次報告書よりも古いCEOの書簡を読んだほうが好
ましい場合もある。

　年次報告書の唯一の役割は事業の現状や見通しについて客観的な
概要を伝えることだと銘記する必要がある。それだけだ。SEC（米
証券取引委員会）に提出する公式書類である年次報告書は、企業の
将来に関する意見を提示するためのものではなく、また投資家に事
業を分析する方法を伝えることを目的としているわけではない。

　年次報告書を読めば、企業の利益率は分かる。だが、たいていの
場合、その利益率が優れているのかどうかは分からない。

　年次報告書を読めば、ブランディングが重要であることは分かる
が、企業にとってどのようなブランド戦略が最良かは分からない。

　年次報告書を読めば、顧客体験が成功のための重要な要素である
ことは分かる。だが、どの事業が最も優れた顧客体験を提供してい

るかを評価する方法は分からない。

一方、CEOの書簡は株主をミスリードするものでないかぎり、何を記しても構わない。株主の利害を最優先に考えている素晴らしいCEOは書簡を通じて企業の競争上のダイナミズムを深掘りする。

年次報告書は利益率の実績しか伝えられないが、CEOの書簡では利益率が優れているのかどうかを説明できる。

年次報告書は、ブランド力が重要であるとしか伝えられないが、CEOの書簡では企業のブランド戦略を示し、それが最良な戦略である理由を説明できる。

年次報告書では、顧客体験を改善するための企業の取り組みを示すことしかできないが、CEOの書簡では消費者が重視していると思うことについて議論できる。

そのため、常にCEOの書簡を企業の初期の段階から読むべきなのだ。そこには事業のパレートの法則の要素を素早く理解する一助となるような貴重な情報が盛り込まれていることが多い。

リポート3 ── 業績が安定しない時期

思い出してほしい。歴史を研究することの要点は事業が成功するか失敗する理由の理解を深めることだ。

そして、避けたいことの1つが失敗や成功しているときではなく、停滞しているときの事業を研究することである。そのような時期の事業を研究しても、重要な知見を得られる可能性は低い。

通常、停滞期は、業績の変化が少なく、売上高の成長がわずかで、利益率の変化が少なく、事業に再投資するのではなく株主に払い出される資本が多いという特徴がある。

そのような時期の研究に集中すべきではない。重要な知見は得られない。

リポート４──競合他社のリポート

投資における最も基本的な考えの１つが、企業の競争力は競合他社の強さによって決まるというものだ。

これについて考えてみよう。企業の業績はその競争力で決まるのではなく、競合他社と比較した自らの競争力で決まる。

私が１バレル当たり50ドルの費用で石油を生産できる石油事業を経営しているとしてみよう。また、競合他社は１バレル当たり60ドルで石油を生産できるとしよう。今日時点では、私は競合他社よりも安く売ることができるので、より支配力ある企業だ。しかし、競合他社が１バレル当たり40ドルで生産する方法を見つけると、たとえ１バレル当たり50ドルで石油を生産できるとしても、私は大幅に市場シェアを失い始める。私は今でも１バレル当たり50ドルで石油を生産できるのだから、私の石油事業の質は変わっていない。しかし、私は競合他社と同程度に安価に石油を生産できないので、競合他社と比較した質は低下したことになる。そのため、競合他社の競争力がどの程度かを理解しなければ、１つの事業にどの程度の競争力があるかは理解できない。

競合他社を理解することはそれほどに重要なので、投資家は執拗にそれを理解しようとすべきだと思うだろう。マクドナルドの投資家はマクドナルドの年次報告書を徹底的に読むだけでなく、チポトレの年次報告書も読むべきだと思うだろう。なぜだろうか。マクドナルドの競争力はチポトレの競争力次第なのだ。そのため、マクド

ナルドの競争力を評価するためには、チポトレの年次報告書も読まなければならない。

しかし、多くの人々はほぼそのようなことはしない。特に、個人投資家はやらない。彼らはしばしば次のように発言する。「エクソンモービルの年次報告書を読んだら、利益率が高く、売上高が増大していることが分かった。だから、素晴らしい企業だ」。しかし、彼らはBPについてまったく調査することなく、エクソンモービルは健全な企業だと結論している。

もちろん、これは妥当な結論ではない。BPを研究することなく、エクソンモービルが強いか弱いかを結論することは不可能だ。企業の競争力は自社の競争力だけで決まるのではない。競合他社と比較した競争力で決まるのだ。

そのため、投資を検討している企業だけでなく、競合他社についても研究すべきである。競合他社の競争力を研究していないのであれば、自分が投資している企業の競争力も研究していないことになる。

平均的な投資家は市場で何が起きているかを研究することに時間を費やす。

桁外れの投資家は市場で何が起きたかを研究することに時間を費やす。

第4章
年次報告書の問題点

The Problem of the Annual Report

　過去２年間で、私はマーケティングに関する本を十数冊読んでき
た。それらの本を読んだ目的は、自分が書いていた本を売り込む方
法を学ぶことだった。

　しかし、マーケティングに関するそれらの本を読んだことは、よ
り良い投資判断を下せるようになるために行った最良の事柄の１つ
だと思った。

　数カ月前、私はそれまで聞いたこともなかった企業について学び
たいと思った。そこで、ランダムに選んだ企業のリストを手に、そ
こから上場している企業の１社をランダムに選んだ。偶然にも、そ
の企業は年に数十億ドルの収益を上げる小規模なファストフード店
（以下、「ザ・レストラン」とする）だった。

　さらに、私は10年ほど前の年次報告書を選び出した。これは意図
的にそうした。古い年次報告書を読むことで、自分がどのくらい事
業を理解しているか試すことができるからだ。手順は次のとおり。
古い年次報告書を読み終えたら、「この事業が数年後にどのくらい
成功しているか、あるいは成功していないと思うか」と自らに問う
ことができる。この質問に対する答えを出したら、最近の年次報告

書を読んで自分の回答を確認できる。この過程で、自分の事業の予想が的確かどうかを把握できる。

　そこで、私は予想をするために古い年次報告書を通して読んだ。

　まず私は企業業績の歴史に目を通して、事業がどのようになっているかを把握しようとした。

　売上高は年4～5％ほどで増大していた。私が考えるに、これらの数字は必ずしも目覚ましいものではなかった。同社は大きな市場の小さなプレーヤーだったので、もしかなりの速さで成長していることが分かればよかったのだが。要するに、小さな市場で急成長しているのは、企業が既存企業から市場シェアを奪うことができているサインである。一方で、そのような企業が急速に成長していないとしたら、それは既存企業から市場シェアをそれほど奪えていないことを意味し、競争力のあるビジネスモデルがないことが分かる。

　しかし、私はさらに深掘りすることにした。私は「コンピタンスの第2層」と題した第2章の教訓を覚えていたので、単純に過去を将来に当てはめるべきではないことは分かっていた。その企業がゆっくりと成長していたからといって、将来もゆっくりと成長すると仮定すべきではない。それよりも、同社の将来を理解するためには企業の第2層の要素に目を向けるべきと思っていた。

　ファストフード店の売り上げと顧客獲得の努力にはマーケティングが欠かせない要素であることが分かった。そこで、私は同社のマーケティングについて年次報告書に何が書いてあるかを読むことにした。

　年次報告書の該当部分で、同社は、来店者数や顧客ロイヤルティーや売上高の成長を改善するために、マーケティング戦略を変更していると書いていた。

　同社がマーケティング戦略を改善していることを知り、私は同社に対して楽観的になった。この企業は優れた経営陣を有しているように思えた。彼らは、売上高の成長が大きくないことに気づき、その問題を解決しようとしていた。さらに、①ファストフード店のコンセプトに競争力があること、②唯一の問題はファストフード店のコンセプトを売り込むこと——だと仮定すれば、経営陣は事業における適切な問題に取り組んでいるように思えた。

　だが、読み進めるに従い、私は同社のマーケティング戦略は失敗する運命にあることが分かった。

　同社がブランドマーケティングよりも、ダイレクトレスポンスマーケティングにより多く投資していることが大きな危険信号だと思った。

　知識のない人々のために記すが、マーケティング努力は2つの分野に分かれる。つまり、ダイレクトレスポンスマーケティングとブランドマーケティングだ（ブランドレスポンスキャンペーンと呼ばれる第3の分野もあるが、ここでは簡略化のために無視している）。ダイレクトレスポンスキャンペーンは、消費者にメーリングリストへの登録や来店といった直接的な行動をとってもらおうとするものである。一方、ブランドマーケティングキャンペーンは顧客に行動をとってもらおうとはせず、消費者にブランドに慣れ親しんでもらうことを目的としている。例えば、マクドナルドはテレビCMを見たらすぐに、店舗に足を運んでもらえるとは思っていない。彼らはマクドナルドのブランドに慣れ親しんでもらうことで、将来、何よりもまず思い出してくれることを期待している。

　長期的に売上高を伸ばすためには、企業はブランド広告に力を入れるべきであることを私は知っていた。

　私は、マクドナルドとブランディングに関する本で学んだ教訓か
らそう考えたのだ。その本では、マクドナルドの強さは同社のロゴ
マークへの投資が一因となっていると説明されていた。マクドナル
ドは、象徴的なゴールデンアーチを消費者に知ってもらうために何
十億ドルも投じている。結果として、消費者はマクドナルドのロゴ
を競合他社のロゴよりも早く認識できる。そのため、5つのファス
トフード店が並んでいるとしたら、消費者は競合他社よりも先にマ
クドナルドのロゴに気づく。最終的には、それこそが消費者がマク
ドナルドを選ぶ可能性を大いに高めている。

　さらに、ダイレクトレスポンスマーケティングが売上高を長期的
に成長させるには、それほど効果的な戦略でないことを知っていた。
例えば、私が読んだ本では、ダイレクトレスポンスマーケティング
の一種である価格プロモーションは「現在の『購買』傾向に影響を
与えることはなく、また長期的に好ましい影響を与えることもない」
と強調していた。実際に、本章を書いている間に読んでいる本で、
この考えはさらに強化された。著者たちは、成功している広告キャ
ンペーンのデータベースであるIPAエフェクティブネス・データ
バンクにあるデータを分析した。彼らは、市場シェアを高めるうえ
でブランドキャンペーンはダイレクトレスポンスキャンペーンより
もはるかに効果的であることを発見した。

　本質的に、私はダイレクトレスポンスキャンペーンではなくブラ
ンドマーケティングに集中することがファストフード店には極めて
重要であることを知っていた。結局は、世界のマクドナルドやスタ
ーバックスは強力なブランドを築くことで安定的な競争優位を築い
ている。そのため、ザ・レストランに素晴らしい経営陣——絶えず
競争優位を築くことに力を入れている経営陣——がいるのであれば、

図表4.1　ブランドキャンペーンはダイレクトレスポンスキャンペーンよりも効果的

キャンペーン期間中（年）に市場シェアが大幅に増大したと回答した企業の割合（％）

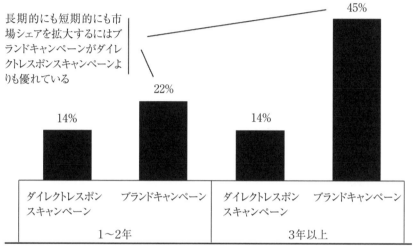

長期的にも短期的にも市場シェアを拡大するにはブランドキャンペーンがダイレクトレスポンスキャンペーンよりも優れている

出所= The Long and the Short of it

彼らはブランドを築くことに焦点を当てるだろうと思った。

　しかし、私が研究していたザ・レストランは正反対の行動を取っていた。同社はブランドマーケティングキャンペーンへの依存度を減らし、ダイレクトレスポンスキャンペーンにさらに注力するとはっきりと書いていたのだ。

　さらに心配になったのが、同社のブランドマーケティングキャンペーンの質である。

　私がマーケティングの本で学んだことは、マーケティングメッセージは明確でなければ効果はないということだ。実際にこれは『ストーリーブランド戦略』（ダイレクト出版）を書いたドナルド・ミ

ラーの重要な主張だった。彼は、有効な広告とは明確さが必要であると指摘している。

　論理的にも、これは筋が通っている。

　行動喚起が不明確であれば、消費者は行動を起こさない。

　広告のロゴが明確でなかったら、消費者がそれに慣れ親しむことはない。

　広告のメッセージが不明確であれば、消費者はそれを記憶にとどめない。

　ザ・レストランは自社のテレビCM――企業がブランドマーケティングで用いる主要な広告形態の1つ――の多くをYouTube（ユーチューブ）に投稿していた。彼らのCMを数多く見た私は少しばかりショックを受けた。彼らのCMは明確でないのだ。

　1つの理由として、そもそもどの企業がそのCMを打っているのかすぐには分からなかった。例えば、あるCMでは、ザ・レストランの名前は画面の下の隅に小さな文字で記されているだけだった。実際にだれも気づかない。別のCMでは、ブランドの名前とロゴが広告の別の絵柄に隠れてしまい、消費者がどの企業が広告を打っているのかを知るのがほとんど不可能となっていた。

　もちろん、これは良いことではない。自分の名前を書かずにラブレターを送って交際を申し込むことを想像してみればよい。その場合、受け取った人はラブレターを読むことはできるが、返事を返すことはできない。ザ・レストランはまさにそれをやっていた。彼らは、広告にブランド名やロゴを目立つように示すことなく、消費者が関係を築いてくれることを期待して広告を打っていたのだ。そのため、消費者はCMでおいしそうな食事のビデオクリップを見ることはできても、実際にどのファストフード店に行けばおいしそうな

食事を食べられるのか分からない。結果として、消費者がザ・レストランに訪れる可能性を広告が高めることはまったくなかった。

この時点では、私はまだザ・レストランを評価するうえで重要となるすべてのことを調査したわけではなかった。要するに、ファストフード店の長期的な成功を決する要素はマーケティングとブランディングだけではない。

しかし、私は、このファストフード店が長期的に売上高を伸ばす可能性は低いと感じた。企業が売上高を伸ばすためには、賢明なマーケティングが必要である。ザ・レストランは単純にそれができていなかった。さらに、私は同社の競争優位は長期的には弱まると思った。ザ・レストランは消費者に自社のブランドを覚えてもらえていなかったが、競合他社はそれができていた。結果として、ザ・レストランは競合他社に比べて長期的には徐々に弱体化すると思った。

私の予想はある程度正しかった。マーケティング戦略が実行に移されると、売上高の成長は1桁台前半まで低下し始めた。具体的には、その後、新型コロナウィルスの問題が起こるまでのすべての四半期の75％まで売上高は縮小してしまった。

しかし、私の立場からすれば、ほとんどの人々がザ・レストランの売上高が減少し始めると予想しなかったと思う。それどころか、彼らは売上高が増大すると思っていた。結局のところ、IPO（新規株式公開）以来、売上高はすべての四半期で一貫して増大していた。さらに、経営陣自身がマーケティング戦略の変更は「既存店舗の売上高の増大を促し」、「すぐにも来店者数を増やす」だろうと述べていた。

だが、私は年次報告書だけでなく、本も読んでいたので、同社の将来についてより正確に理解できた。マーケティングに関する何冊

かの本と研究のおかげで、ダイレクトレスポンスキャンペーンに頼っても企業の競争優位を築けないことを私は知っていた。さらに、何冊かの本のおかげで、比較的無名のブランドはマーケティングキャンペーンを明確にしないと成長できないことを知っていた。そして、ザ・レストランのブランドキャンペーンのすべて——用いられる頻度は低かったが——が不明確であることが分かった時点で、私には同社のブランドが成長しないことは分かっていた。

　これは重要な投資の教訓である。つまり、事業が成功するかどうかを理解するには、年次報告書を読むだけでは不十分なのだ。

　これについて考えてみよう。

　結局のところ、ウォール街のプロたちは金融の専門家だ。

　彼らのほとんどが金融論を専攻していた。

　彼らは多くの時間を費やして、Excelで財務モデルを構築する方法を学んでいる。

　そして、彼らは、追い風や向かい風が四半期の利益率や売上高の成長にどのような影響を与えるかを分析することに、多くの時間を費やしている。

　企業はウォール街が業績の数値を気にしていることを知っている。業績こそが彼らの関心を引きつけ、喜んで企業に投資させる。だから、企業やIR部門や経営陣はウォール街に財務数値を提供するのだ。

　例えば、オーストラリアの銀行であるウエストパックの元CEO（最高経営責任者）のゲイル・ケリーは、ウォール街は財務数値を好むので、彼らに財務数値を伝えることに注力するようになったと述べている。

　私は顧客の言葉を使って話していたので、投資家と話しても響

かないことに気づいた。私は銀行業界の言葉を使って話していなかったのだ……投資家たちからは次のようなフィードバックを受けた。「彼女がどうでもよいことを重要に思っているのは明らかだが、数字が分かるCFO（最高財務責任者）がいてよかった」。これには狂いそうになったものだ……そこで、私は変えた。焦点を当てることを変えたのではない。投資家と話す言葉を変え、たくさんの数字を使って回答するようにしたのだ。

　企業はウォール街に財務数値を伝えることに力を入れているので、マーケティング戦略や製品のイノベーションや販売力といった財務以外の重要な要素の扱いは表面的なものとなりかねない。

　コカ・コーラを例に取り上げてみよう。コカ・コーラの2021年の年次報告書を同社のウェブサイトからダウンロードすると、183ページのPDFファイルが手に入る。そのなかで少なくとも1ページくらいはマーケティングに費やされていると思うだろう。詰まるところ、コカ・コーラはブランドなのだ。ブランドはマーケティングに左右される。しかし、183ページのうち「販促およびマーケティングプログラムの項」に充てられたのは1ページの4分の1にも満たなかった。私が分析していたザ・レストランのほうがマーケティングについてはるかに詳細な記述があったが、それでも同社には強力なブランドはなかった。

　しかし、年次報告書で財務以外の重要な要素が常に語られるとは限らないからと言って、それを理解する必要はないということではない。それを十分に理解しなければ、事業の長期的な競争力を正しく評価できない。実際に、それはザ・レストランの一部の投資家に起こったことである。彼らはマーケティングがどのようにブランド

力を高めたり、弱めたりするかを基本的に理解していなかった。そのため、彼らはザ・レストランのマーケティング戦略に見られた多くの危険信号を見落としていた。結果として、彼らは成長トレンドが見られるので、将来衰える可能性があるとしても、成長を続けると仮定してしまったのだ。

桁外れの投資家たちは年次報告書や決算説明会の記録や四半期報告書の弱点に対処する方法を持っている。彼らは自分たちの調査をほかの情報源から得られた情報で補っている。

ウォーレン・バフェットのファンドマネジャーの1人であるテッド・ウェシュラーについて考えてみればよい。彼は企業の調査を行う場合、年次報告書や決算説明会の記録や四半期報告書――ほとんどの投資家が読む財務資料――だけを読むのではない。彼は1日の半分をさまざまな資料を読むことに費やしていると述べた。

> 私の1日の仕事は読むことだ。1日の大半を読むことに費やしている。その半分は、新聞や業界の定期刊行物などさまざまなものを読むようにしている。

では、バフェットについて考えてみよう。彼は年次報告書や決算説明会の記録だけを読むのではない。彼はすべてを読むのだ。

> 私はただ読み、読み、そして読んでいる。おそらく1日に5〜6時間は読んでいるだろう……新聞は毎日5紙読んでいる。かなりの数の雑誌も読んでいる。10K報告書も読む。年次報告書も読むし、その他たくさんのものを読む。例を挙げれば、伝記も好んで読んでいる。

　実際に、かつてCNBCのジャーナリストであるベッキー・クイックはバフェットに、バンク・オブ・アメリカへの投資に至った調査プロセスについて尋ねた。具体的には、そもそもどのようにして同社について学んだのかを尋ねた。これに対して、バフェットは2つの重要な点を挙げた。第1に、予想どおり彼はバンク・オブ・アメリカの年次報告書を読んでいた。「おそらくバンク・オブ・アメリカの年次報告書を50年分は読んだよ」。次に、彼はそれ以前に『バイオグラフィー・オブ・ア・バンク（Biography of a Bank)』という題名の本を読んだと述べた。言い換えれば、彼はバンク・オブ・アメリカの年次報告書から得た知識を、同行に関する本で補っていた。ほとんどの投資家は銀行に投資する前にそのようなことはしないだろう。

　だが、事業の調査を行うために、年次報告書や決算説明会の記録以外にも目を通すことは完全に筋が通っている。『サイコロジー・オブ・マネー──一生お金に困らない「富」のマインドセット』（ダイヤモンド社）の著者であるモーガン・ハウゼルはかつて次のように述べた。「お金にまつわるあなたの個人的な経験は世界の出来事のおそらく0.00000001％しか占めていないが、世界の動きに関するあなたの考えの80％ほどは占めているだろう」。同じ考えが投資にも当てはまる。年次報告書や決算説明会の記録や四半期報告書は、ビジネス界で起きているあらゆることの20％しか表現していないが、ほとんどの投資家の研究努力の80％は占めている。賢い投資家はこのことを認識している。だから、彼らは研究努力の幅を広げる。彼らは年次報告書だけでなく、本や定期刊行物や学術研究や雑誌や伝記やインタビュー記事などを積極的に読む。

　しかし、いくつかの問題点もある。第3章の「80％パストルール

に従え」で主張したように、桁外れの投資家たちには個人投資家に対して大きな優位性がある。彼らは投資を生業としているので、すべての時間を目に入るすべてのものを読むことに費やすことができる。例えば、バフェットのファンドマネジャーの1人であるトッド・コムズは文字どおり1日のすべてを読むことに費やしている。

> 私は7時か8時にオフィスに入り、夜の7時か8時ごろまで読んでいる。そして、帰宅して家族と過ごす。それから夜中にベッドでさらに1〜2時間は読むだろうね。

　率直に言って、ほとんどの人々がそのようなことはできない。もちろん、ほとんどの個人投資家は毎日の仕事があるので、物理的にそれほど多くの読書はできない。だが、同じことが多くのプロ投資家にも当てはまる。彼らは、企業について読むことのほかに多くのしなければならないことがある。彼らは会議に参加し、モデルを構築し、人々を管理し、投資家に対応し、リポートを書かなければならない。そのため、ほとんどのプロ投資家でさえ、1日に8〜14時間を読むことに費やせない。

　2つ目の問題は、あまりに多くの情報があることだ。1日に14時間読むことができるとしても、1つの事柄に関するすべての情報に目を通すことはできない。コカ・コーラに関するすべてのものを読もうとしていると想像してみればよい。ブランディングに関する何十冊もの本、コカ・コーラの幹部に関する数十冊もの伝記や記事、同社の業績に関する何十冊もの年次報告書、コカ・コーラのビジネスモデルに関する何千もの記事、ブランディングに関する何千もの学術記事を読まなければならない。これらすべてを読むことなどで

きない。現実にだれもできない。そこで、効率的に調査を行うためには、読むべきものとそうではないものを区別しなければならない。それができなければ、結局は目の前のすべてのものを読むことになる。それでは膨大な時間を無駄にするだけだ。

　成功する投資家になるためには、これら2つの問題を克服できなければならない。終日読むことはできないので、できるかぎり効率的に企業を調査する方法を学ばなければならない。さらに、すべてを読むことはできないので、研究努力に優先順位を付ける方法を学ばなければならない。

　これらの難問を克服する手助けをするために、私はできるかぎり効率的に企業を調査するための原理を示すつもりだ。この原理とはどういうものだろうか。言うならば、「関連するものではなく、重要なものを読め」だ。

関連するものではなく、重要なものを読め

　私は作家だ。作家はデザイナーではない。つまり、私は本の表紙を作成するためにグラフィックデザイナーを雇う必要がある。

　最初に本を書き始めたとき、私はエントリーレベルのデザイナーしか雇おうとしなかった。彼らは費用が安く、それでも仕事はできた。当時は世界レベルのデザイナーを雇う必要はなかった。私が投資に関する本を書いていたのはそうしたいからであり、ベストセラーに名を連ねたいからではなかった。

　だが、時間がたつにつれ、私の目的は変わり始めた。

　私は17歳のときに3冊目の本を書いた。それは財務諸表と割り引きキャッシュフローモデルの基礎に関するものだった。最初の2冊

の売り上げはそれほど気にしていなかったが、３冊目のときは違った。この本をたくさん売りたいと思った。そのために、より優秀な表紙デザイナーを雇った。うまくいった。３冊目の本『バフェッツ・ツーステップ・ストック・マーケット・ストラテジー（Buffett's 2-Step Stock Market Strategy)』は今日までに２万部以上が売れたが、これは２冊目の本（率直に言って、それほど売れなかった）の10倍以上だ。

そこで私は考えた。より多く売れた理由の１つは、より優秀なデザイナーを雇ったからだった。では、私が知る最高のデザイナーを採用したらどうなるだろうか。

そこで、実行した。

私は少なくとも100人の一流の表紙デザイナーをスクリーニングし、抜きんでた１人を見つけた。彼のデザインは大変創造的で、非常に優れた職歴を持っていた。そこで私は彼を1200ドルで雇った。

数週間後、表紙が届いた。だが、それは気に入らなかった。魅力的ではなかった。それはベストセラーになるようなものとは思えなかった。しかし、私のデザイナーは、それは第１校にすぎないと言う。数週間後、彼はいくつかの変更を加えて送り返してきた。それほど良くなっているようには見えなかった。そこで私は計画を取りやめることにした（後知恵にはなるが、デザインがひどかったのはグラフィックデザイナーのせいではないことに気づいた。私がリーダーとして失格者だった）。

1200ドルを失った私は、自分で表紙をデザインしてみることにした。

最初の５つのデザインはひどい出来栄えだった。もちろん、予想したことである。私は初めてフォトショップを使ったのだから。

　そこで、もう一度やってみた。さらに数十枚の表紙をデザインした。しかし、どれも良くなっていなかった。実際に、適当に選んだデザイナーに5ドル支払えば、もっと良い仕事をしただろうと思うほどひどかった。

　そのおかげで、私は自分がデザインについては何も知らないことに気づいた。そこで、デザインについて自分で勉強することにした。数週間、グラフィックデザインについてできるかぎりのことをした。数え切れないほどのグラフィックデザイナーのインタビューを見て、デザインのアイデア本に目を通し、学んだ重要な教訓をメモにした。

　そして、もう一度表紙のデザインを始めたとき、私はすべての重要な教訓を当てはめた。数週間、毎日表紙のデザインをした。私は午前5時30分に起床し、午後10時30分まで表紙のデザインをしていることがよくあった。

　デザインの勉強と学んだ教訓を実践することに数え切れないほどの時間を費やしたにもかかわらず、素晴らしい表紙を作れなかった。

　この時点で、新たにデザイナーを雇うべきかどうか考えていたが、突然幸運が舞い降りた。

　私は暇な時間に、アップルのサクセスストーリーを研究し、消費者が同社の製品を愛するようになった理由を学ぼうとしていたが、そのなかでディーター・ラムスという人物に言及されていた。私はその名前を知らなかったので、調べてみた。

　私は、ディーター・ラムスは工業デザインの分野で最も優れた経歴を持つ人物だと知った。最も有名なのが、彼のデザインが今世紀最高のプロダクトデザインの1つであるiPhoneのデザインに大いにインスピレーションを与えたことだ。実際に、アップルの元最高デザイン責任者であるジョニー・アイブは、インスピレーションを

得るために頻繁に彼のデザインを頼りにしたと述べている。アップルの最高デザイン責任者がディーター・ラムスを尊敬しているのであれば、おそらく彼が世界で最高の工業デザイナーの1人であると思った。さらに、私がデザインを学ぶべき人がいるとしたら、それは彼だろうと思った。

私は、彼が『ディーター・ラムス（Dieter Rams : 10 Principles for Good Design）』というデザインに関する本を書いていることを知った。すぐにもその本でアイデアを学びたかったので、アマゾンの配送にかかる2日間すら待てなかった。そこで、この本のサマリーを探した。

彼の本のサマリーをほんの5分間読むだけで、彼のデザインの原理がすぐに分かった。それは私がそれまででデザインに関して読んだもののなかで、圧倒的に最良のアイデアだった。ディーター・ラムスは優れたデザインを生み出すための核心を突いていると思った。

そこで、私はすぐに仕事に取り掛かり、彼の原理を新しい本の表紙のデザインに適用した。

ディーター・ラムスは「優れたデザインはできるかぎり少ないデザインだ」（つまり、シンプルだ）と述べていた。そこで、私は表紙をできるかぎりシンプルにした。

ラムスは「優れたデザインは革新的だ」と述べていた。そこで、私は表紙をできるかぎり革新的にした。

ラムスは「優れたデザインは製品を分かりやすくする」と述べていた。そこで、私は自分の本がどのようなものかを読者が理解しやすくなるような表紙にした。

最終的に、彼のデザインの原理を読んだあとに作成した最初の表紙のコンセプトはこれまでで一番気に入ったものになった。実際に、

私が過去に見た、多くのプロのデザイナーが顧客向けに作成した表紙よりも気に入った。そこで、私はそのデザインを本書の表紙に用いた（厳密にはこの結論は正しくない。本書の内容が固まった［つまり、構成を大幅に変更できない段階に至った］あとで、私は採用するに値する素晴らしい表紙のデザイナーを見つけた。私は3000ドルを支払い、自らの指示の仕方を変え、彼に大幅な裁量を与えた。最終的に、彼は私が作成したものよりも優れた表紙を生み出した。そこで、彼の表紙を本書では採用している、私のデザインではない。だが、この話は学ぶことに関する重要な教訓を説明している。なぜなら、ほとんどのデザイナーが作成したものよりも気に入る表紙を私が作れるようになったからだ）。

　デザインを学ぶという経験から、私は効率的に学ぶ方法について重要な教訓を得た。つまり、重要な知見を与えてくれる情報源は必ずしも関係がある情報源ではない、ということだ。

　われわれの知能が関係があると思える解決策を求めるのは当然である。本書の最初に記したコカ・コーラでもそれが分かる。人々は幸福を感じるために清涼飲料を買う。そのため、消費者が購入する可能性が最も高い清涼飲料は幸福を連想させる。つまり、その製品は顧客の問題を解決する最適なもののように思える。

　同様に、私は関係があると思える「解決策」を探していた。デザインについて学んでいたとき、私の目的は素晴らしい本の表紙を作成することだった。つまり、私はそれを学べる最適な人物はだれだと考えただろうか。本の表紙のデザイナーとグラフィックデザイナーである。

　しかし、彼らから学ぶのは効率的でないことが問題だった。私は何時間もかけて彼らから学び、その教訓を実践した。しかし、素晴

らしい本の表紙を作成する私の能力はまったく向上しなかった。

　一方で、ディーター・ラムスからは信じられないほど効率的に学ぶことができた。彼の本のサマリーを5分間読んだだけで、表紙をデザインするために必要な重要な知見のすべてを、私は得た。

　ただ、彼は学びを得るために最良の人物だったが、彼を見つけるのは容易ではなかった（実際に、私はアップルについて学ぼうとしていたときに偶然彼を知った）。

　私が容易に出会えなかった理由は、彼が関係のある情報源のようには思えなかったことだ。私の知能はグラフィックデザイナーや本の表紙のデザイナーから学ぼうとしていた。しかし、ディーター・ラムスは本の表紙のデザイナーやグラフィックデザイナーとして知られてはいなかった。彼は工業デザイナーだった。彼は「時計、ラジオ、計算機」などを作っていた。そのため、私は1日中「本、表紙、デザイン、原理」をグーグルで検索できても、デザインを学ぶ最良の人物であるディーター・ラムスには出会えなかった。

　投資家には、まったく同じことが常に起きている。本章の初めに記したザ・レストランについて考えてみればよい。

　ほとんどの投資家は直近の年次報告書や決算説明会の記録を読み、ザ・レストランを調査しただろう。要するに、それらの情報源はザ・レストランへの投資判断に関連するように思えるのだ。

　しかし、それはザ・レストランを調査する効率的な方法ではなかった。何時間もかけて同社の年次報告書や決算説明会の記録や四半期報告書を読むことはできても、その競争力がどのような展開を見せるかを理解することはなかっただろう。ザ・レストランの年次報告書を読んでも、ファストフード店にとってブランドマーケティングがダイレクトレスポンスマーケティングよりも重要であることは

分からなかっただろう。それを知るためにはマーケティングに関する本を読まなければならなかった。同様に、年次報告書を読んでも、同社の広告が顧客にマーケティングメッセージを伝えるうえで非効率であり、同社が長期的に成長することをほとんど不可能にしていることは分からなかっただろう。年次報告書に「わが社のマーケティングキャンペーンは同業他社を大きくアンダーパフォームしている」などと進んで書く経営陣などいない。それを学ぶためには、YouTubeを見て、同社がどのようなキャンペーンを展開しているかを調べなければならなかった。

　実際に、ザ・レストランについて学ぶ最も効率的な方法の1つは、同社を研究することではなかった。それはコカ・コーラ――無関係に思える情報源――を研究することだった。コカ・コーラを調査することで、ブランドを成長させ、成功させる要因について価値ある知見が得られた。例えば、第1章の「だれもコカ・コーラを理解していない」で引用した研究の1つを読めば、前向きな何か――コカ・コーラの場合は幸福――を連想させることがブランドの成長には重要であることが分かる。コカ・コーラに関する優れた記事を読めば、彼らのマーケティングキャンペーンが競合他社よりも優れている理由が分かり、何がマーケティングキャンペーンを優れたものとするのかを理解できる。コカ・コーラに関する優れた本を読めば、ブランドの成長を推し進めるのはブランドマーケティングなのか、ダイレクトレスポンスマーケティングなのかが分かっただろう。

　そして、それらの知見を用いてザ・レストランを評価できた。コカ・コーラが前向きな何かを連想させることで強くなったことを学んでいれば、「ザ・レストランは何か前向きなことを連想させるだろうか」と考えることができた。もしそうでないならば、たとえ売

上高を増大させてきたトラックレコードがあったとしても、それは長期的には同社を信頼すべきサインではなかったかもしれない。コカ・コーラのマーケティングキャンペーンを成功させている要因を学んでいれば、「ザ・レストランのキャンペーンは同様に質の高いものだろうか」と考えることができた。もしそうでないならば、時間の経過とともにより多くの消費者の心にブランドが刻み込まれる可能性は低いことが分かった。長期的に市場シェアを高めるうえでブランドマーケティングが極めて重要であることを学んでいれば、「将来、ザ・レストンランはブランドマーケティングをより多く用いるだろうか」と考えることができた。そうすることで、同社の将来を簡単に予想できた。

　まとめると、ザ・レストランの年次報告書や四半期報告書など関連する情報源を読んでも、賢明な投資判断を下すために知らなければならないすべての情報を得られるわけではない。同社がブランドマーケティングにそれほど頼っていないことは分かるが、それが長期的にブランドの役に立つかどうかは分からない。同様に、ザ・レストランの年次報告書を読めば、同社のマーケティング予算の多くがテレビCMに充てられていることは分かる。しかし、それらのCMがブランドのメッセージを明確に伝えているかどうかは分からなかっただろう。

　反対に、コカ・コーラに関する記事や本や研究など無関係の情報源を読むことが、ザ・レストランへの投資判断を下すうえで大いに役に立った。そうすることで、コカ・コーラがブランドを成長させるためにとった具体的な手段が分かった。そして、ザ・レストランが同様の手段をとっているか、異なる手段をとっているかを見極めることができた。

　しかし、ザ・レストランの将来を予想するためにコカ・コーラについて学ぼうとする投資家はほとんどいない。表面的には、コカ・コーラに関する情報源を読むことはまったく関係がないように思える。結局、コカ・コーラとザ・レストランは同じ分野で活動していない。ザ・レストランはファストフード店であり、コカ・コーラは清涼飲料だ。実際に、多くの者たちが次のように言うだろう。「ソフトドリンクについて学ぶことがファストフード店を知るうえでどのように役に立つのか。ザ・レストランについて学ぶためには同社の年次報告書を読んだほうがはるかに良い」

　人々がそう言う理由は、彼らが関係があると思えることを基準に調査資料を集めたがるからだ。

　投資家がソフトウェア企業を分析しているとしたら、彼らはその企業に関するあらゆるものを読もうとする。彼らはすべてのソフトウェア企業の年次報告書を読もうとする。これは同社への投資判断を下すことに関係があるように思えるものだ。

　彼らはソフトウェア業界で成功しているCEOに関するものを読もうとする。ソフトウェア業界のCEOについて学ぶことは、ソフトウェア企業への投資に関係があるように思える。

　そして、彼らはソフトウェア業界に関する株式アナリストの見解を読もうとする。ソフトウェア業界に関するアナリストの見解を学ぶことは、同業界への投資判断に関係があるように思える。

　ある意味で、多くの人々は何を読むかを決めるために次の2つの問題を考える。

1．私が投資する可能性があるのはどの企業、どの業界だろうか。
2．その企業や業界に関してどのような調査資料が手に入るだろう

　か。

　彼らはアマゾンに投資をしようとしているならば、アマゾンに関する調査資料を入手し、ソフトウェア業界に投資しようとしているならば、ソフトウェア業界に関する調査資料を入手しようと考える。

　だが、そう考えるのは適切ではない。関係があるように思えるから読みたいと考えるのではない。ソフトウェア企業に投資をしているから、題名に「ソフトウェア」と入った何かを読もうと考えるのではない。

　そうではなく、質の高い見識を効率的にもたらしてくれると思える情報源だけを読むべきなのだ。関係があるように思えるかどうかは問題ではない。

　ソフトウェア企業の例を続けよう。

　ソフトウェア企業への賢明な投資判断を効率的に下すには、ソフトウェア企業に長期的な成功をもたらすのはどのような文化かを知る必要があるかもしれない。その場合、現在最も革新的な企業の1社であるテスラの文化を研究することが、革新的な製品を生むことを可能にする文化の特徴を理解するうえで重要だろう。ほとんどの人々にとって、テスラの文化を研究することはソフトウェア企業への投資判断を下すこととは無関係のように思えるかもしれない。しかし、ソフトウェア業界で成功するにはイノベーションを育む文化が必要なのだから、これは重要かつ効率的な方法である。

　もしくは、消費者が製品を選ぶ要因を理解する必要があるかもしれない。ソフトウェア企業の年次報告書を読んでもそれは分からない。たとえソフトウェア企業への投資に関係があるように思えてもだ。10冊の年次報告書を読むこともできるだろうが、それでも消費

者の行動については何も理解できないだろう。それは非効率な方法である。むしろ、消費者の行動を理解する名人と言えるスティーブ・ジョブズのような人々のインタビューを見ることのほうが消費者の行動についてはるかに効率的に学べる。もちろん、ジョブズを研究することは、ソフトウェア企業への投資判断とは無関係なように思える。しかし、消費者の行動に関する知見を効率的に得られる。

　株式を効率的に調査するためには、次の問題について考えたい。

１．自分は何を知る必要があるのか。
２．その知識を得る最良の方法は何か。

　この２つの疑問が自らの調査プロセスをより効率的にするうえで役に立つ。

　１つ目の疑問は、調査の範囲を定義する。結局は、企業について細部に至るまですべてを学ぶことはできない。企業の成功に影響を及ぼす要素は何百とある。しかし、最初に「この企業について賢明な投資判断を下すために本当に知る必要があるのは何か」と考えることで、調査の範囲を結果の80％を生み出す20％の要素に絞ることになる。事実上、必要となる情報にだけ調査を限定している。そうすることで大幅に時間を節約できる。

　２つ目の疑問は、「企業について本当に知る必要があること」を見いだすための最速の方法を割り出すことを可能にする。２つ目の問題について考えるとき、企業を調査する最も効率的な方法について考えることに時間を使っていることになる。そうすることで、次のように考えられる。「この企業の年次報告書を読むほうが良いのか、別の業界に関する本を読むほうが良いのか。ザ・レストランをもっ

と調査したほうが良いのか、それともコカ・コーラについてもう少し学んだほうが良いのか」。結局、２つ目の疑問に答えることが、事業を効率的に学ぶ役には立たない、「関係のある」情報に目を通すことを回避し、実際には価値のある「無関係な」調査資料を見いだす一助となるのだ。

　実際に、私は次の２つのステップに従うことで、ザ・レストランの将来を極めて効率的に予想できた。

　まず私は「ザ・レストランの将来を予想するために何を知る必要があるのか」と考えた。私は、いくつもの要素のうちマーケティングが重要であることは分かっていた。この疑問を持つことで、私の調査範囲は大幅に絞られた。私は同社に影響を及ぼすあらゆる要素を評価するのではなく、少なくともマーケティング戦略の評価から始めることになった。インフレや金利やサプライチェーンの問題や経営陣の変更といったファストフード店の成功に影響を及ぼすあらゆることに目を通すのではなく、同社のマーケティング戦略の研究から始めることになった。もちろん、それによって私は調査時間を大幅に短縮できた。

　次に私は「同社のマーケティング戦略について学ぶ最良の方法は何か」と考えた。そう考えることで、まずは年次報告書の「広告およびマーケティング」の項を読む必要があると気づいた。言い換えれば、当時の決算説明会の記録やニュース記事や業界のリポートを読む必要はないと分かった。私はただ年次報告書のなかのマーケティングに関する数段落を読みさえすればよかった。こうすることで、私の調査時間は大幅に短縮された。

　最終的に、同社は良い投資対象ではないと結論するまでに10分もかからなかった。「何を知る必要があるのか」「それをどのように学

ぶのか」と考えるだけで、私はあっという間に同社には健全な事業戦略がないと判断できた。

　もちろん、私には多少の優位性があった。私にはブランディングに関する一般的な予備知識があった。本書の読者のほとんど――ブランドの分析を行うプロの株式アナリストでさえ――はそうではないだろう。

　そのため、疑問に対する答えは私とは異なるものとなった。

　概して、1つ目の疑問（「何を知る必要があるのか」）への反応は私の反応と似たようなものだった。ほとんどの人々が、マーケティングがファストフード店の成功には重要な要素であることを知っている。そのため、ほとんどの人々が「知る必要がある」ことを認識し、投資を行う前にファストフード店のブランド力が将来どうなるかを評価する。もちろん、分析する必要があったのはマーケティングとブランディングだけではないが、それらは重要な要素だった。

　しかし、2つ目の疑問に対する反応は異なるものだった。

　ザ・レストランを分析する以前に、私はブランドの良し悪しを決めるのは何かを研究していた。皆さんはそうではなかっただろう。つまり、まずはブランドを分析する方法を学ぶ必要があるし、最初のステップは実際にザ・レストランのブランドを分析することではない。2つ目の疑問に対する答えは同社の年次報告書の「広告およびマーケティング」の項に目を向けることとはならないはずだ。それを読んでも、同社がマーケティングについてどのような判断を下しているかしか分からない。しかも、それは役に立たない。ブランディングについてあまり知識がないのだから、それらの判断の良し悪しは分からない。そのため、同社の年次報告書を読んでも、同社の長期的な軌道を評価するうえではそれほど前進しない。

　むしろ、最初にブランドを評価する方法を学ぶほうがはるかに効率的だ。例えば、ナイキの創業者であるフィル・ナイトがどのようにしてアディダスよりも強力なブランドを築き上げたかを説明しているインタビューを聞くこともできる。または、コカ・コーラのブランド戦略に関する良書を読めば、優れたブランド戦略とはどのようなものかを理解する一助となる。そのような情報からザ・レストランのブランド戦略を評価する基礎知識が得られ、同社が将来成長するか、成長できないかが理解できるようになるだろう。

　　平均的な投資家は関係のあるものを読む。
　　桁外れの投資家たちは重要なものを読む。

第2部
桁外れの投資家たちのリスク管理戦略

OUTLIER RISK MANAGEMENT STRATEGIES

第5章
安全域だけではない

Not Just a Margin of Safety

1991年7月1日

1991年7月1日、ミューチュアル・ベネフィットという大手生命保険会社があった。

ミューチュアル・ベネフィットの経営は順調だった。あるニュースソースによれば、ミューチュアル・ベネフィットは「保守的なブルーチップ企業だと考えられており」、138億ドルを超える資産を有し、全米で18番目に大きな生命保険会社だった。

同社は業界で最も安全な生命保険会社の1社とみなされていた。保険業界を専門とする大手格付け機関であるAMベストはミューチュアル・ベネフィットをA＋と格付けしていたが、これはミューチュアル・ベネフィットには「契約中の保険金の支払いに応じる十分な能力がある」という意味だ。AMベストのような格付け機関が保険会社の格付けを行うとき、彼らは保険会社の財務状況や予想される保険金の支払い額や資本水準など、多くの要素を検討する。A＋の格付けを得るためには、ミューチュアル・ベネフィットはそれらすべての分野で健全である必要があった。

　さらに、ミューチュアル・ベネフィットの資産のほとんどは比較的安全な投資対象からなっていた。当時、同社のポートフォリオの40％ほどは商業用不動産ローンと不動産からなっていた。保険業界の専門家の多くは、1つのアセットクラスに40％を集中させるのは大きすぎると主張したが、概して不動産はリスクの高いアセットクラスとは考えられていなかったので、それほど多くの警鐘が鳴らされることはなかった。

1991年7月16日

　1991年7月16日、ロサンゼルス・タイムズは次の見出しで記事を掲載した。「ミューチュアル・ベネフィット・インシュアランスが取り付けを受けて破綻——この手の破産では全米最大規模」。7月16日までに、同社は破綻し、A＋の格付けを失った。そして政府はさらに大きな金融危機が広がるのを防ぐため、同社を管理下に置かざるを得なかった。

　さて、どのようにしてブルーチップの大手保険会社がほんの数週間のうちに本質的に支払い不能に陥ったのだろうか。

　その主たる理由はテールリスク（頻繁には発生しないが、顕在化すると重大な結果をもたらすリスク。保険業界に不案内な読者のために簡単に説明する。保険会社は加入者から保険料［収益］を集める。その見返りに、彼らは特定の状況［自動車事故など］が発生したら、保険契約者［顧客］に保険金［費用］を支払うことを約束する。保険会社は保険料と保険金の差額、さらに保険料の運用益が利益となる）の不適切な管理にあった。1991年7月の少し前に、いくつかの保険会社がジャンクボンドへのお粗末な投資が理由で破綻し

た。そこにはエグゼクティブ・ライフやファースト・キャピタルといった大手も含まれていた。大手企業が破綻すると人々は不安になった。特に、ミューチュアル・ベネフィットの保険契約者たちは同社も破綻するのではないかと心配になった。そして、ミューチュアル・ベネフィットの保険契約者たちは合理的にも安全策を取った。彼らはミューチュアル・ベネフィットが破綻するのを待つのではなく、自分たちの保険契約を解約した（銀行から預金を引き出せるのと同じように、生命保険契約を「解約」できる）。その結果、ミューチュアル・ベネフィットは、手元資金をはるかに超える、予想以上の多額の現金を払い出さなければならなかった。結果として、同社は人々に支払うべき資金を調達できず、破綻につながった。

　経営がしっかりしているすべての保険会社は予期しないテールリスクが発生することを知っている。予期しない大きな自然災害が発生し、保険会社が支払う保険金が大幅に増大することがある。例えば、ハリケーン・カトリーナが災害を引き起こしたことで、保険業界は契約者におよそ411億ドルを支払わなければならなかった。予期しないテロ攻撃が発生することもあるが、これも多額の保険金につながる。これは当時最大級の被害を及ぼした9.11テロのときに発生したことだ。

　保険会社は予期しないテールリスクが発生することは分かっていても、それがいつ発生するかは分からない。しかし、それと同時に、彼らは予期しないテールリスクが発生したときに多額の保険金を払い出す準備をしておかなければならない。

　そのため、最も賢明かつ競争力ある保険会社は、現金のような流動性のある資産を常に十分に保持しておき、不測の事態が発生したときに保険金を払い出せるようにしておく。とりわけ、最も原始的

な方法をとる保険会社は最も厳しいテールリスクに確実に対応できるようにしている。ガイコなどの大手保険会社を保有するバークシャー・ハサウェイの保険事業を例にとってみよう。「最悪のケース」でも確実に保険金を払い出せるように、バークシャー・ハサウェイは常に300億ドルもの現金を保持している。そのため、厳しい環境下でも、常に彼らは保険金の支払いに十分な現金を保有していることになる。

　だが、ミューチュアル・ベネフィットがそうしていなかったことは興味深い。彼らは最悪のケースの準備をしていなかった。実際に、彼らは危機に対応するための現金を持っていなかった。ミューチュアル・ベネフィットの危機を調査した専門家のマレー・ベッカーは「流動性がまったく不足していた」と述べている。つまり、ミューチュアル・ベネフィットはテールリスクを適切に管理していなかったのだ。

　そのことに驚くだろう。

　保険会社はリスク管理が最もうまいはずだと思うだろう。実際に、彼らのビジネスモデルはリスクを管理することである。例えば、自動車を運転するときは常にリスクがある。車が損傷し、何千ドルもの損害を引き起こすかもしれない。そのリスクを管理するため、そして州法を順守するために、ほとんどの人々が自動車保険に加入する。自動車保険はリスクを保険会社に転嫁する。言い換えれば、保険会社は個人に代わって、そのリスクを背負うのだ。結果として、保険会社は自動車事故が起これば、保険金を払う義務を負うことになる。そして、彼らは過大なリスクを背負わないようにすることでお金を稼いでいる。過大なリスクを背負う、つまり、自動車事故が予想よりも多いと、彼らはより多くの保険金を払い出さなければな

らないので、利益を損なうことになる。背負うリスクを最少化することで、彼らは保険金を最少化し、利益を最大化する。つまり、保険会社の主たる仕事はリスクを管理することなのだ。

だからこそ、ミューチュアル・ベネフィットの状況に驚いた人もいた。彼らは自分たちの重要な仕事であるリスク管理に劇的なまでに失敗したのだ。

だが、ミューチュアル・ベネフィットのようなケースは珍しくない。多くの保険会社が、発生する確率は低くても大きな影響を及ぼすリスクの管理に苦労している。例えば、最近のバークシャー・ハサウェイの年次総会で、ウォーレン・バフェットは発生する確率は低くても大きな影響を及ぼすリスクが原因で、最大規模の保険会社のうち3社が「過去30年のうちに破綻の危機に瀕した」と述べた。それら3社のうち2社は破綻を回避するために、バークシャー・ハサウェイと取引する必要があった。

さて、リスク管理の専門家である保険会社がしばしばリスク管理に失敗するならば、ギャンブラーとみなされるような者もいる投資家たちがどれほどうまくリスクを管理していると思うだろうか。うまくはないだろう。

ニック・リーソンのストーリーについて考えてみてほしい。リーソンはベアリング銀行シンガポール支店のトレーディングフロアで大きな成功を収めるトレーダーだった。彼は大学に通っていなかったが、28歳になるまでにトレード部門のゼネラルマネジャーになっていた。仕事での実績だけでなく、彼はベアリングにとっても貴重な存在だった。彼はデリバティブスのトレードで大きな成功を収めていたので、銀行全体の利益の10%以上を彼が生み出したこともあったと言われている。財務的視点に立てば、彼は銀行で最も価値の

ある行員の1人だった。

　しかし、何回かの大勝後、彼は少しの損を出すようになった。要するに、ほとんどすべての投資家にうまくいかない日はある。桁外れの投資家であるビル・アックマンはカナディアン・パシフィック鉄道を再建し、1つの取引で資金を3倍にした。だが、JCペニーでは不運に見舞われた。これについては後述する。1968年、バフェットとチャーリー・マンガーはバークシャー・ハサウェイの株主に、S&P500のリターンが11％だったのに対して77.8％のリターンをもたらした。しかし、ほんの数年後の1974年には、バフェットとマンガーは大幅にアンダーパフォームした。S&P500が26.4％下落した一方で、彼らは48.7％も失った。ニック・リーソンも同様の状況にあった。彼には素晴らしいトラックレコードがあったが、不愉快な日々を送っていた。

　最終的に、ベアリング銀行はすべてのトレーダーがある時点で損を出すことがあることを認識した。そこで、ほとんどの銀行と同じように、ベアリング銀行はいかなる損失も報告するようトレーダーたちに求めた。トレーダーたちに損失を報告させることで、銀行はそれを監視し、損失が大きくなりすぎないようすることができた。損失が大きくなりすぎれば、彼らもミューチュアル・ベネフィットと同じような結末となり、資金を引き出そうとする顧客に支払う十分な現金がなくなってしまう。

　だが、ニック・リーソンは損失を報告しないことを選んだ。結局、彼が損を出していることを銀行が知れば、彼の評判は傷つくことになる。銀行に気づかれないようにするために、彼は帳簿を改竄し、すべての損失を隠しておく「秘密口座」を作った。だが、「秘密口座」は一時しのぎの解決策でしかなかった。やがて銀行は損失の存在を

知ることになる。だが、少なくとも一時的に損失を隠せた。彼は、時間がたてば、お金を取り戻せると思っていたのだ。

　損失を埋めようとして彼がとった手段が、S&P500の東京版である日経平均でショートストラドルを仕掛けたことだ。

　ショートストラドルとは、ファイナンスの教授だったスミス氏が教えてくれたところではオプションのトレーディング戦略で、投資家はプットオプションとコールオプションを売る。読者の多くがオプションには馴染みがないかもしれないので、詳細に踏み込むつもりはない。しかし、ショートストラドルはボラティリティが低いことに賭けていることを知る必要がある。

　市場があまり動かず、現在の水準で保ち合えば、ニック・リーソンは利益を手にする。

　市場が大きく下落すれば、リーソンは損を被る。

　市場が大きく上昇しても、リーソンは損を被る。

　つまり、ニック・リーソンが利益を得るためには、基本的に市場はあまり動かない必要がある。

　ほとんどの投資家は、ショートストラドルはリスクの低い賭けだと考えている。取引日の99％で市場は大騒ぎはしない。１％にも満たない変動はあるかもしれないが、その程度だ。特に、戦争やパンデミックや金融危機といった市場が変動する要因となる大きな出来事がなければ、市場はそれほど動かないと考えても差し支えなかった。したがって、彼が多額の損を出す可能性はかなり低かった。

　そこで、1995年１月16日、ニック・リーソンは低いリスクで損失を取り戻す方法だと考えて、日経平均でショートストラドルを仕掛けることにした。

　本章のテーマがリスク管理であることを考えれば、おそらくうま

くいかなかったと推測できるだろう。

1995年１月17日、日本の関西地方を大地震が襲った。

市場は暴落した。

ニック・リーソンは巨額の損を被った。累積の損失が８億2700万ポンド、14億ドルと言われた（歴史を正しく記せば、ニック・リーソンは日経平均のショートストラドル後に実際に幾つかのトレードを行った。だが、彼の失敗の主たる要因として日経平均のショートストラドルが挙げられることが多い）。

彼は、ベアリング銀行がそれほどの損失に対処できないこと、そして彼が14億ドルもの損失を出し、帳簿を操作していたことを知れば、銀行が怒り狂うことは分かっていた。

そこで彼は国外に逃げた。

だが、逃げる前に、彼はベアリング銀行に14億ドルもの損を出して「申し訳ない」と記したメモを残していた。だが、銀行はその損失が原因となって数日後には破綻し、そのメモも何の役にも立たなかった。最終的に、ニック・リーソンはドイツで逮捕され、詐欺のかどで刑務所に送られた。

ニック・リーソンはミューチュアル・ベネフィットと同じ過ちを犯した。ミューチュアル・ベネフィットはほとんどの危機に対応する準備をしていた。しかし、予期しないテールリスク、つまり最終的に破綻につながった取り付け騒ぎに対処する準備をしていなかった。同様に、リーソンは取引日の99％で発生する不確実性に対処することはできたが、１つの大きな危機がもたらす結果に耐える準備をしていなかった。

発生する確率は低くても大きな影響を及ぼすリスクを管理するために、ほとんどの投資家が安全域を持って投資を行う。

　ご存知ない読者のために記すと、安全域とはベンジャミン・グレアムが『**賢明なる投資家**』（パンローリング）で用い、バフェットが広めた言葉だ。

　安全域を持って投資をするというのは、本質的に誤りの余地を残すということだ。例えば、ある株式に45ドルの価値があると考えているとしよう。安全域を持って投資をしていないというのは、その銘柄を45ドルで買ったということになる。これは間違いなく良い考えではない。予期しない向かい風が発生すれば、投資から適切なリターンを稼ぐことはできなくなる。一方で、安全域を持って投資をするということは、その銘柄を45ドル未満、例えば30ドルで買ったということだ。そうすることで、誤りの余地を残すことになる。不況に陥り、株価の「公正価値」が40ドルとなっても、問題はない。40ドルの価値を持つ資産に45ドルではなく、30ドルしか支払っていなかったのだから。言い換えれば、40ドルの価値を持つ何かをたった30ドルで買っていたのだ。これは40ドルの価値を持つものを45ドルで買うよりもはるかに良い。

　ある意味で、安全域は投資家を予期しないリスクから守ることになる。

　予期しない景気後退が発生しても、誤りの余地があれば問題ない。

　売上高の成長率が予想を下回っても、誤りの余地があれば問題ない。

　製品の質が予想を下回っても、誤りの余地があれば問題ない。

　そのため、いつも安全域を持って投資をしたいと考える。そうしない理由はない。安全域を持って投資をすれば、潜在的損失を限定することになる。それを望まない者などいない。

　しかし、それでもテールリスク、つまり発生する確率は低くても

大きな影響を及ぼすリスクを軽減することはできない。

　デクスター・シューを例にとってみよう。

　1993年、バフェットは、アメリカの靴製造会社であるデクスター・シューを買収した。

　バフェットによれば、デクスター・シューは極めて健全な事業を行っていた。

　　　デクスターには直すべきところはないと保証する。チャーリー・マンガーと私が職業人生で見てきたなかでも最も優れた経営がなされている企業の1社だ。

　バフェットはまた、デクスター・シューと、バークシャー・ハサウェイが所有していたもう1つの靴製造会社であるHHブラウンは、1994年に両社あわせて8500万ドルの税引き前利益を上げると予想した。これは過去のトレンドに沿ったものだった。

　しかし、買収から6年が経過した1999年、デクスター・シューとHHブラウンが発表した税引き前利益はたった1700万ドルだった。これは、バフェットが数年前に予想した税引き前利益の8500万ドルをはるかに下回った。

　それ以降、バフェットはデクスター・シューを「むごたらしい誤り」で「過去最悪の取引」と説明している。

　1993年から1999年までに何があったのだろうか。なぜ利益はそれほど劇的に減少したのだろうか。そして、デクスター・シューはどのようにして「最も優れた経営がなされている企業の1社」から「むごたらしい誤り」へと変わってしまったのだろうか。

　起こりそうもないリスクが発生した。業界が海外に移ってしまっ

たのだ。デクスター・シューが活動していたアメリカ市場よりも最低賃金がはるかに低い国はたくさんあった。そのため、海外の企業ははるかに低いコストで靴を製造できた。その結果、彼らはデクスター・シューやHHブラウンを駆逐し、利益を80％ほど減らした。

　オフショアリングのリスクからバフェットを守ることができた適正な安全域などなかっただろう。考えてみてほしい。バフェットは４億3300万ドルでデクスター・シューを買収した。しかし、デクスター・シューの収益力は80％も減少してしまい、実際にその適正価値は４億3300万ドルより80％低い8660万ドルだった（これはいくつかのシンプルな仮定のもと簡略化した例であることに注意されたい。例えば、バフェットはデクスター・シューの本源的価値を４億3300万ドルと考えたと仮定している。デクスター・シューとHHブラウンの収益力がともに80％低下したと仮定しているが、これは事実ではない。さらに、デクスター・シューとHHブラウンの収益力は80％の下落後に回復しなかったと仮定している。デクスター・シューの本源的価値は収益力と同程度に低下したと仮定している。またバフェットがバークシャー・ハサウェイの株式を使ってデクスター・シューを買収したという事実を考慮していない）。そのため、バフェットが損失を回避するためには、デクスター・シューを8660万ドルを下回る価格で取得する必要があった。

　バフェットはデクスター・シューを10％の安全域を持って買収することもできた、つまり３億8970万ドルだ。しかし、同社にはたった8660万ドルの価値しかなかったので、それでも過大な価格を支払ったことになる。

　バフェットはデクスター・シューを25％の安全域を持って買収することもできた、つまり３億2475万ドルだ。しかし、それでもデク

スター・シューに過大な価格を支払ったことになる。

　バフェットはデクスター・シューを50％の安全域を持って買収することもできた。つまり、2億1650万ドルである。だが、それでも過大な価格を支払ったことになる。

　したがって、大きな安全域があったとしても、デクスター・シューはひどい投資対象だった。

　安全域の原則がバフェットを守れなかった理由はシンプルだ。安全域は、発生する確率は低くても大きな影響を及ぼすリスクから投資家を守れない。

　たいていの場合、大きな影響を及ぼすリスクが発生すると、株式はその長期的価値のほとんどを失いかねない。例えば、デクスター・シューは、製靴業界が海外に移転したことで、その価値の80％ほどを失ってしまった。ミューチュアル・ベネフィットのケースでは、同社の価値は本質的にゼロまで落ち込んだ。そして、ニック・リーソンのケースでは、銀行が破綻した。

　大きな影響を及ぼすリスクから投資家を守るためには、異常なまでに大きな安全域が必要となる。例えば、バフェットは実際に支払った金額よりも安全域に当たる80％低い価格でデクスター・シューを買収する必要があった。4億3300万ドルを80％下回る金額でデクスター・シューを買収するということは、彼は同社を8660万ドルで買収できたことになる。

　だが、そのような安全域が得られる価格で取引されている銘柄を見つけられる可能性はかなり低い。少し考えてみればよい。ある株式に100ドルの価値があると考えているとしよう。80％の安全域を持ってその銘柄を買うとしたら、株価は20ドルということになる。100ドルの価値がある株式をたった20ドルで買うのだ。言い換えれば、

20ドルから100ドルまで上昇する、つまり400％上昇すると考えている銘柄を買うのだ。80％の安全域を持つ銘柄を見つけるとしたら、それは400％上昇する可能性を示唆していることになる。しかし、400％上昇する可能性のある銘柄を継続的に見つけることなど、合理的とは言えない。例えば、バフェットは最も成功している投資家だが、長期的に見れば、彼の平均リターンは年20％ほどにすぎない。そのため、80％の安全域を持つ銘柄を見いだし、毎年400％のリターンを上げられると期待するのはかなり非合理と言える。

　だが、同時に、ほとんどの投資家は80％の安全域を持つ銘柄を見つけられないという問題もある。安全域の原理が大きな影響を及ぼすリスクから投資家を守ることが可能となるのは、唯一、その安全域が異常なほど大きい場合だけだ。だが、ほとんどの投資家はそれほど大きな安全域を持つ銘柄を見つけられない。つまり、安全域の原理は投資家をテールリスク、つまり最も危険な類いのリスクから守ることができないということだ。

　実際に、バークシャー・ハサウェイの保険事業において、バフェットは安全域の原理の限界を認識している。これについて考えてみよう。バフェットは、バークシャー・ハサウェイは安全域を持って保険を引き受けているとしばしば口にする。仮にバークシャーが好ましいリスク・リワードのトレードオフを実現するために、1000万ドルの保険料を得る必要があるとすれば、同社は1000万ドルと1％しか得られない保険を引き受けたりはしない。その場合、誤りの余地は一切ない。同社は、例えば1100万ドルの保険料が得られる保険だけを引き受けるだろう。そうすることで、100万ドル分の備えができる。

　だが、ここで重要な疑問が生じる。どうしてバフェットは保険事

業で300億ドルもの備えを維持しているのだろうか。バークシャー・ハサウェイは安全域を持ってすべての保険を引き受けているのだから、この追加の備えにどのような意味があるのだろうか。これはバークシャーをテールリスクから守るためだ。彼は、安全域を持って保険を引き受けるだけでは、パンデミックや戦争や景気後退などのテールリスクが発生した場合に自らを守れないことを知っている。何十億ドルもの損害を引き起こすテールリスクが発生したら、100万ドルの安全域を持っているだけでは不十分だ。300億ドルの手元資金があれば、バークシャー・ハサウェイはそのような危機も乗り越えられる。

　同じ発想が投資にも当てはまる。バフェットが安全域を持って保険を引き受けるのが得策であることを知っているように、安全域を持って投資を行うことはできるし、そうすべきだ。しかし、安全域を持って投資を行うだけでは不十分であることを認識しなければならない。安全域はたいていのリスクから守ってくれるが、大きな影響を及ぼすリスクからは守ってくれない。安全域は、デクスター・シューがいくつかの重要な契約を失ってもバフェットの投資を守ることはできただろうが、業界全体が海外に移転してしまうことから彼を守ることはできなかった。安全域は、予想よりも少しばかり高いボラティリティからニック・リーソンを守ることはできただろうが、地震から彼を守ることはできなかった。そのため、自らを下落のリスクから守るために安全域だけに頼っていても、大きな影響を及ぼすリスク、つまり最も危険なリスクにさらされることになる。

　そこで、確実に吹き飛ばされないようにするために、発生する確率は低くても大きな影響を及ぼすリスクを安全に軽減する方法をお伝えしようと思う。

10億ドルテスト

　多くの投資家が持続可能な競争優位を持つ企業を買うことでリスクを低減している。

　広く知られているように、バフェットの投資哲学の基本教義の1つが強固な競争優位を持つ企業、つまり競合他社を上回る価値を安定的に市場に提供できる企業に投資することだ。世界のコカ・コーラやアマゾンがその一例である。持続可能な競争優位を持つすべての企業に共通する特徴が1つある。どんな会社も太刀打ちできないということだ。

　合理的にも、ほとんどの投資家は持続可能な競争優位を持つ企業を好む。持続可能な競争優位は、競合他社がより良い製品やサービスを生み出す可能性を低減させる。つまり、持続可能な競争優位は最も深刻かつ大きな影響を及ぼすリスクから企業を守る。競争だ。

　実際に、主要な投資本のほとんどが持続可能な競争優位を持つ企業に投資するよう投資家にアドバイスしている。例えば、モニッシュ・パブライの『**ダンドーのバリュー投資——低リスク・高リターン銘柄の発見術**』（パンローリング）、フィル・タウンの『週15分の株式投資で大金持ちになる！——ルールNo.1投資法』（アスペクト）、パット・ドーシーの『ザ・ファイブ・ルールズ・フォア・サクセスフル・ストック・インベスティング（The 5 Rules for Successful Stock Investing)』、そして私の著書『バフェッツ・ツーステップ・ストック・マーケット・ストラテジー（Buffett's 2-Step Stock Market Strategy)』のすべてが持続可能な競争優位を持つ銘柄を買うことを投資家に推奨している。

図5.1　多くの投資家は企業が次のカテゴリーの1つに入るかどうかに基づいて、企業のリスクが低いかを判断する

競争優位	定義
強力なブランド	強力なブランドを有する企業は弱いブランドよりも多くの顧客を安定的に引きつける
低コストの優位性	強力なブランドを有する企業は安定的に競合他社よりも安く商品を提供できる
ネットワーク効果	利用者が増えるにつれて企業の製品の価値が高まり、競合他社は張り合うのが難しくなる
高いスイッチングコスト	顧客は競合製品に乗り換えようとすると大きなコストに直面する
無形資産（ブランド力を除く）	価値のある特許や商標権や著作権などを有する企業は競合他社よりも優れた製品やサービスを提供できる

　私の前作を含む多くの本が、持続可能な競争優位は3〜5種類あると主張しているが、それは**図5.1**で見ることができる。

　概して、それらの本はこれら持続可能な競争優位の1つを有する企業に投資することを投資家に勧めてきた。例えば、多くの本は次のように主張している。「コカ・コーラはそのブランド力ゆえに強力な競争優位を有する。そのため、強力なブランドがあればコカ・コーラのような強力な優位性が得られるので、強力なブランドを持つ企業を探すべきだ」。同様に、「フェイスブックはネットワーク効果から利益を得ているので、同社と張り合うのは不可能だ。そのため、ネットワーク効果を享受している企業には優位性がある可能性が高いので、そのような企業に投資すべきだ」。

　さて、私はこのアドバイス自体は悪いとは思わない。人々に強力なブランドを有する企業やネットワーク効果から利益を得ている企業に投資するようアドバイスすることに何の間違いもない。

　だが、私は、そのようなアドバイスを受けた投資の初心者たちは型どおりにしか、事業の競争力を分析しないという問題があることに気づいた。

　これらの本を読んだあとでは、投資の初心者たちは強力なブランドのすべてが強い競争優位を持っていると仮定することになる。彼らは高いスイッチングコストが自動的に企業に強い競争優位をもたらすと仮定してしまう。そして、彼らは低コストでコモディティを生産するすべての企業は持続可能な競争優位を有していると考えてしまう。

　だが、実際にはこれは正しくない。これらのカテゴリーに分類されても、競争優位は脆弱でしかない企業がたくさんある。言い換えれば、ある企業が強力なブランドを有するか、低コストで生産できることはあるが、それと同時に、発生する確率は低くても大きな影響を及ぼす競争上のリスクにさらされていることもある。

　検討すべき事例はたくさんある。

　デクスター・シューを覚えているだろうか。同社は競合他社に対して大幅に低コストで生産できる優位性があったので、「チャーリー・マンガーとウォーレン・バフェットが職業人生で見てきたなかでも最も優れた経営がなされている企業の1社」だった。ほとんどの人々が同社には堀（モート）があると言った。しかし、同社は発生する確率は低くても大きな影響を及ぼすリスクにさらされていた。つまり、外国との競争だ。前述のとおり、業界全体がたった数年のうちに海外に移転し、利益のほとんどを失ってしまった。

　JCペニーはどうだろうか。JCペニーはアメリカの象徴的な企業
だった。1977年、同社は毎年100億ドルを売り上げていた。1994年、
ウィメンズ・ウェア・デイリー誌はJCペニーを「婦人服でナンバ
ーワンの小売店」と呼んだ。同社は低コストのアパレル企業だった。
同社には効率的な規模の経済性があった。同社にはアメリカで最強
のブランドの1つがあった。だが、発生する確率は低くても大きな
影響を及ぼすリスクが発生した。同社は消費者との関係を保つこと
ができず、消費者たちは彼らを忘れてしまった。

　マイスペースはどうだろうか。マイスペース以上にネットワーク
効果から利益を得ていた企業はほとんどなかった。2004年から2009
年まで、同社は世界最大のソーシャル・ネットワーク・サイトだっ
た。2006年、同社はグーグルよりも閲覧数が多かった。しかし、同
社は大きな影響を及ぼすリスクにさらされていた。フェイスブック
だ。フェイスブックが登場すると、マイスペースの競争優位はあっ
という間に損なわれた。

　アディダスについて考えてみよう。1970年代前半、同社は靴市場
を支配していた。同社はアメリカで最も人気のあるブランドだった。
同社が有名ブランドだったのは1～2年の話ではない、20年にわた
り有名ブランドだった。同社には強力なブランドを築いてきた信じ
られないほど長い歴史があった。ほとんどの投資家は同社を上回る
ブランドを求めることはできなかった。しかし、アディダスは大き
な影響を及ぼすリスクにさらされた。つまり、より良い製品とブラ
ンド、1971年に設立されたナイキだ。1980年までに、ナイキはアデ
ィダスよりも大きな市場シェアを獲得した（ナイキはアディダスを
追い越したあと、数年間は苦労したが、最終的にアディダスをはっ
きりと追い越した）。もちろん、アディダスも健在だった。だが、

同社の競争力はナイキによって大幅に損なわれてしまった。

　年齢を重ねれば、企業の競争上の立場が弱まるのを目にすることがある。だが、それは一般的な企業に限った話ではない。競争を支配している市場のリーダーが著しく弱体化する姿を目にすることがある。そして、それらの企業は一般的な市場のリーダーではない。それは、市場を何十年も支配してきた企業である。つまり、世界のアマゾンやアップルのような企業だ。

　バフェットがバークシャー・ハサウェイの年次総会で行った、ちょっとした「お遊び」がこの点を説明している。彼は世界の時価総額上位20社のリストを取り出した。そこには有名な巨大企業が含まれていたが、その多くは人々が無敵だと見ている企業である。つまり、アップル、サウジ・アラムコ、JPモルガン・チェース、マスターカードなどだ。企業のリストの全貌は**図5.2**を見てほしい。そして、バフェットは聴衆にこう尋ねた。「これらの企業のうちどれだけが30年後にもこのリストにあるだろうか」。聴衆のほとんどが、それら企業のほとんどが30年後にもリストに名前があると考えていた。彼らは次のように独り言を言ったかもしれない。「LVMHモエ、台湾セミコンダクター、テンセントのことはよく分からないので、それらの企業が30年後にどうなっているか分からない。でも、アマゾンやマスターカードやアルファベットやアップルなどの企業が大きな競争力を持っていることは分かる。だから、それらの企業は30年後にもリストにあるはずだ」

　聴衆に考えてもらったあとで、バフェットはもう１つのリストを示した。新しいリストにも世界の大企業上位20社が示されていた。しかし、今回示されたのは1989年の上位20社で、最初のリストが作られた30年ほど前のものだ。聴衆が意表を突かれたのは、1989年の

図5.2

2021年の時価総額上位20社		
順位	企業	時価総額
1	アップル	2兆0500億ドル
2	サウジ・アラムコ	1兆9200億ドル
3	マイクロソフト	1兆7800億ドル
4	アマゾン	1兆5600億ドル
5	アルファベット	1兆3900億ドル
6	フェイスブック	8380億ドル
7	テンセント	7520億ドル
8	テスラ	6410億ドル
9	アリババ	6140億ドル
10	バークシャー・ハサウェイ	5870億ドル
11	台湾セミコンダクター	5340億ドル
12	ビザ	4670億ドル
13	JPモルガン・チェース	4640億ドル
14	ジョンソン・エンド・ジョンソン	4320億ドル
15	サムソン・エレクトロニクス	4300億ドル
16	貴州茅台	3850億ドル
17	ウォルマート	3820億ドル
18	マスターカード	3530億ドル
19	ユナイティド・ヘルス	3510億ドル
20	LVMHモエ	3360億ドル

1989年の時価総額上位20社		
順位	企業	時価総額
1	日本興業銀行	1040億ドル
2	住友銀行	730億ドル
3	富士銀行	690億ドル
4	第一勧業銀行	640億ドル
5	エクソン・コーポレーション	630億ドル
6	ゼネラル・エレクトリックUSA	580億ドル
7	東京電力	560億ドル
8	IBM	550億ドル
9	トヨタ自動車	530億ドル
10	AT&T	480億ドル
11	野村證券	460億ドル
12	ロイヤルダッチ・ペトロリアム	410億ドル
13	フィリップ・モリス	380億ドル
14	日本製鉄	360億ドル
15	東海銀行	350億ドル
16	三井銀行	340億ドル
17	松下電器産業	330億ドル
18	関西電力	330億ドル
19	日立製作所	320億ドル
20	メルク	300億ドル

リストにあった20社のうち、2021年のリストにも名を連ねた企業は
１社もなかったことだ。言い換えれば、1989年の最大の企業のうち、
30年後も世界最大の企業だったところはなかった。そして、バフェ
ットは聴衆にこう語りかけた。「私がクイズを出した……数分前、
ゼロだと考える人はごくわずかだと思っていた」

　1989年のリストにあった企業は当時のアマゾンやアップルだった。
だが、そのうち2021年のリストにあったのは１社もなかった。もち
ろん、エクソンモービルやIBMなどの企業は今でも健在である。
だが、彼らはもはや世界のアマゾンやアップルではない。これは、
世界のアマゾンやアップルもやがて世界のアマゾンやアップルでは
なくなる可能性があることを明確に描き出している。

　投資をするにあたり、今日、強力な競争優位を持つ企業をたくさ
ん分析するだろう。そして、その多くが何十年にもわたり強力な競
争優位を有してきた企業だ。だが、世界のアマゾンやアップルであ
り続ける企業と、時間の経過とともに競争優位を失ってしまう企業
を区別できなければならない。それができなければ、ある日、あの
デクスター・シューを保有していたんだと気づくことになるだろう。

　デクスター・シューのような状況を回避する最良の方法の１つが、
10億ドルテストに従うことである。10億ドルテストはシンプルな経
験則で、発生する確率は低くても大きな影響を及ぼすリスクに企業
がさらされているかどうかを理解する一助となる。

　この経験則は、どのような株式を買う前にも１つ自問すべきと教
えている。つまり、自分が10億ドル持っていたら、この企業を潰す
ことができるだろうか。その答えがイエスなら、その企業はたとえ
今日のリーダーであっても、発生する確率は低くても大きな影響を
及ぼす競争上の脅威にさらされている可能性が高い。その答えがノ

ーならば、大きな影響を及ぼすリスクを免れる可能性が高い。

　かつて私は10億ドルテストのおかげで、株式を保有している企業が発生する確率は低くても大きな影響を及ぼすリスクにさらされていることを見いだした。私が投資した最初の銘柄の１つがフルサービスのレストランだった。表面的には、同社は真っ当な企業に思えた。ブランドも有名だった。少なくともその企業のことを耳にしたことはあった。顧客もこの企業の料理を愛していた。そのため、私は同社の長期的な成長に自信を深めた。財務状況は素晴らしかった。貸借対照表に負債はほとんどなかった。収益も利益も10年にわたって増えていた。利益率も拡大していた。そこで私は「何の問題もない」と思った。

　しかし、株式を買ってから数週間もしないうちに、私は安心して保有していられなくなった。事業が強力なことは分かっていた。しかし、十分に競争力があるとは思えなかった。そこで、私は10億ドルテストを実施した。「だれかが望めば、このレストランを潰すことができるだろうか。もっと良い立地を手に入れられる者がいるだろうか」と自らに問うた。そして、私は賢い人物ならばそのすべてを簡単に実行できると結論した。私には、賢明なマーケターであればより良いブランドを築けることが分かった。レストランのブランドは有名で、広く知られていたが、強力ではなかった。マクドナルドのブランドが多くの消費者にバーガーキングではなくマクドナルドを選ばせているのとは異なり、このレストランのブランドは消費者に競合他社よりも頻繁に同社を選ばせていなかった。さらに、将来そのブランド力が強化されるとは思えなかった。そこで、私は株式を売却した。

　後知恵にはなるが、私は株式を売却して良かったと思う。さもな

ければ、私は毎日安心して眠れなかった。だれかがより強力なブランドを築き、より良い立地に店舗を開くことを心配していただろう。

　さて、株式を売却する判断をしたのは、私が同社に弱気になったということではない。同社がひどい企業だと考えたのでもない。実際に、同社は至極真っ当な企業だった。

　しかし、私が売却した理由は、同社がミューチュアル・ベネフィットやデクスター・シューに似ていたことだ。ザ・レストラン、デクスター・シュー、そしてミューチュアル・ベネフィットのすべてに競争力ある事業を行ってきた長いトラックレコードがあったが、彼らは自分たちを吹き飛ばしかねないリスクを抱えていた。簡潔に記せば、その投資対象が抱えるリスクがもたらすだろう結果に私は耐えられなかった。

　次に移る前に、10億ドルテストは私が思いついたことではないことを伝えておきたい。私の功績ではない。私はバフェットから学んだ。2003年、バフェットはネブラスカ大学で講演を行い、学生たちに10億ドルテストについて語った。

　　企業を買うときはいつでも、自分にこう語りかける。「10億ドル持っていて、この連中と張り合いたいと思ったら、連中を蹴散らすことができるだろうか」

桁外れの投資家たちは安全域だけでは投資しない。
むしろ彼らは、テールリスクから隔離されている事業に投資する。

第6章
隠れたリスクを見つけだせ

Find Hidden Risks

　JCペニーはアメリカで最も成功した企業の1社だった。1973年、2000を超える店舗を構え、62億ドルを超える売上高を上げていた。

　同社は商品を大きく値引きすることで顧客を引き付けていた。例えば、ある商品に当初40ドルの価格を付ける。だが、その価格で売れることはない。よって、翌週には20ドルまで値下げする。だが、その価格でも売れない。すると、JCペニーは顧客に10ドル程度のクーポンを送り、さらなる値引きをする。そうして初めて、顧客たちは買い物を始めるのだ。

　だが、2000年代までに、このモデルはもはや機能しなくなった。その理由の1つが、同社がモールを拠点とした小売店だったからだ。モールは廃れつつあり、集客が難しくなっていた。そのうえ、ブランドが「時代遅れ」となっていた。さらに同社の店舗はかなり規模が大きかったため、売り場面積当たりで他社に負けない売り上げを上げるのが難しくなっていた。例えば、2006年にはJCペニーが生み出した1平方フィート当たりの売り上げはたった164ドルだった。これに比べ、マクドナルドのような素晴らしい成功を収めている企業は1平方フィート当たり600ドルもの売り上げを生み出している。

　だが、だれもが同社に弱気だったわけではなかった。その１人が
ビル・アックマンだ。

　ご存知ないかもしれないが、アックマンは大きな成功を収めてい
る投資家だ。彼はハーバード・ビジネススクールでMBA（経営学
修士）を修得した直後に最初のヘッジファンドを立ち上げ、運用資
産残高を300万ドルから３億ドルに増大させた。彼の最初のヘッジ
ファンドはパフォーマンスが振るわなかったので10年後に閉じざる
を得なかったが、後に２つ目のヘッジファンドを立ち上げた。それ
がパーシング・キャピタル・マネジメントだ。

　パーシンク・スクウェアでは、彼は事業再生で名を挙げる。彼の
最も成功した事業再生の１つがカナディアン・パシフィック鉄道で
ある。

　アックマンは、カナディアン・パシフィックは「北米で最悪の鉄
道」だと思っていた。彼は間違っていなかった。同社の利益率は最
も低かった。鉄道業界特有のKPI（重要業績評価指標）で見ても同
社は最悪だった。同社のPER（株価収益率）は鉄道業界で最も低
かった。アックマンはこれを市場が同社を好んでいないサインだと
とらえた。

　しかし、彼は、同社は１つのシンプルな解決策で立ち直ることに
気づいた。「鉄道業界で最悪のCEO（最高経営責任者）を同業界で
最高のCEO」に取り換えさえすればよいのだ。そして、彼はそれ
を実行した。彼はカナディアン・パシフィックの14％の株式を取得
し、鉄道業界で最高のCEOにカナディアン・パシフィックの経営
を任せた。16カ月後、カナディアン・パシフィックは北米で最も収
益力のある鉄道会社の１社になり、株価は３倍以上に値上がりした。

　アックマンはJCペニーが同じような状況にあると考えた。つまり、

CEOを取り換え、事業を改善させれば、あっという間にお金が稼げる。

　金融危機の最中に買いのチャンスを見いだした彼はすぐに実行に移した。アックマンはJCペニーの16％を取得し、取締役会に加わった。

　新たなCEOを探すなか、一貫して際立った存在だった候補が1人いた。ロン・ジョンソンだ。彼の職歴は目覚ましかった。最も有名なのが、彼はスティーブ・ジョブズに採用され、アップルストアの初期のデザインを担当した。アップルストアに行ったことがあれば、彼が素晴らしい仕事をしたことが分かるだろう。彼が有力な候補であることに取締役会も同意し、彼を採用した。

　ジョンソンが行った事業再生の取り組みが「公正かつ正直な価格付け戦略（fair and square pricing strategy）」の実行で、これはJCペニーの割引戦略を排除しようとするものだった。ジョンソンがJCペニーの割引戦略を排除したかった理由は、それが費用の観点から非効率だったからだ。これについて考えてみよう。

　大幅な割り引きを行うJCペニーはすべての商品の価格を少なくとも2〜3回は引き下げる。ある商品に当初40ドルの価格を付けるかもしれない。だが、その価格では売れない。25ドルに引き下げる。それでもまだ売れない。そして10ドルに引き下げると、大量に売れるようになる。

　しかし、このプロセスには大いなる無駄がある。JCペニーが価格を引き下げるたびに、従業員は店頭の値札を取り換えなければならない。つまり、従業員はすべての商品の値札を2〜3回は交換しなければならない。もちろん、それには多額の資金が必要だ。結局、従業員は安くはないのだ。

　そこで、ジョンソンは素晴らしい解決策を思いついた。彼は、JCペニーは当初商品に高い価格を付け、その後2～3回と値引くようなことをすべきではないと提案した。JCペニーは最初から商品により低い価格を付けるべきだと彼は考えた。そうすれば、少なくとも2～3回値引きをしなくても済む。従業員も価格の変更に無駄な時間を使わなくて済む。そして、JCペニーは資金を節約できる。

　そこで、ジョンソンはアメリカのすべてのJCペニーの店舗に新しい価格付け戦略を導入した。

　結果は素晴らしかった。素晴らしくお粗末だった。

　企業のブランドは消費者に期待を抱かせる。

　人々がマクドナルドのことを思うとき、彼らは安い食べ物を期待する。

　人々がテスラのことを思うとき、彼らは革新的な自動車を期待する。

　人々がロレックスのことを思うとき、彼らはきらびやかな時計を期待する。

　そして、人々がJCペニーのことを思うとき、彼らはセールを期待していたのだ。彼らは商品が安いことを期待するだけでなく、値引きを受けられることを期待していた。彼らは10ドルで売られている商品など見たくなかった。彼らはそれが75％オフとなっていること、40ドルが10ドルに値引きされていることを見たかった。

　だが、ジョンソンはセールを取りやめた。JCペニーはもはや40ドルで販売していた商品を、セールで10ドルにすることはなかった。彼らはただ定価を10ドルとしたのだ。

　そのため、消費者たちは姿を現さなくなった。

　売上高は2011年の172億ドルから2012年には129億ドルに減少した。

JCペニーは2011年には１億5000万ドルの損を出していたが、2012年には10億ドルもの損失を計上した。

　ジョンソンとアックマンは、売上高が激減したことにショックを受けた。彼らは、新しい価格付け戦略が売上高の減少につながるなど考えてもいなかった。さらに、彼らはそれほどの規模で売上高が減少するなど想像もしていなかった。想定の範囲を超えていた。

　最終的に、ジョンソンは採用から１年ほどでJCペニーを解雇された。ジョンソンが去ってからJCペニーが倒産するまで数年がかかったが、JCペニーを「殺した」のは彼だとするメディアもあった。

　われわれは判断を下すとき、付随するリスクに気づかないことがある。

　これが、JCペニーが売上高を25％も失った理由の１つだ。ジョンソン、アックマン、そして取締役会は皆、新しい価格付け戦略の良い面ばかりを見ていた。つまり、人件費の削減だ。しかし、彼らは悪い面に気づいていなかった。疎外感を感じる顧客層である。彼らは、セールを取りやめたら顧客たちが買い物をしなくなる可能性があるとは考えなかった。彼らは、セールを取りやめたあとで、そうなってしまったことを学んだ。

　事業でも投資でも、重要なリスクに気づかないことが失敗の主因の１つである。

　ジョー・キャンベルの物語について考えてみればよい。ごく普通の人物であるキャンベルはカロビオスで３万7000ドル相当のショートポジションを仕掛けた（ショートポジションとは株価の下落に賭けることだ）。カロビオスは破綻した製薬会社だった。当時、カロビオスは資金不足ゆえに操業を取りやめると発表した。さらに、彼らは清算のため、企業のリストラを専門とするブレナー・グループ

を雇い入れていた。

　通常、ショートポジションは損失が無限大になる可能性がある。

　株式を買う（ロング）場合、最悪のシナリオは株価がゼロになることだ。その場合、投資額以上に損をすることはない。5ドルで株式を買い、それが0ドルになったら、5ドルを失う。

　ショートは正反対だ。最悪のシナリオは株価が上昇することだ。だが、理論上、株価は無限に上昇する。つまり、理論上、損失は無限大になる。例えば、株式を5ドル分ショートしているとしてみよう。株価が5ドルから1万ドルに上昇したら、9995ドルの損失となる。ショートしたのはたった5ドル分の株式だとしてもだ。

　しかし、キャンベルの状況は、損失が限られているように思われた。思い出してほしい。カロビオスは清算していることを発表していた。清算会社の価値はその資産の価値から負債の価値を差し引いたものとなる。清算会社がそれ以上の価値を持つことはあり得ない。なぜだろうか。企業が株主のためにお金を稼ぐ方法がほかにないからだ。通常、企業1社の価値はその収益性から割り出される。企業が生み出す利益が大きければ大きいほど、その株式の価値も高まる。だが、清算している企業は株主のためにお金を稼ぐことをやめている。そのため、そのような企業は売却できる資産の価値から、返済しなければならない負債の価値を差し引いただけの価値しかない。それが企業の最大限の価値である。その値が上限なので、株価の上昇余地（そして、キャンベルのショートポジションの悪い面）も限られる。

　そこで、キャンベルは株式を空売りすることにした。要するに、同社は閉鎖されようとしているのだから、状況が大幅に改善することはない。さらに、彼にとって潜在的損失は限られていた。同社の

株式に清算価値以上の価格を喜んで支払おうとする者などいないので、株価の上昇余地も限られていた。

　だが、彼は１つのリスクを見落としていた。つまり、だれかが介入し、同社をアックマンのように再生しようとするかもしれないということだ。

　まさにそれが起こった。

　ヘッジファンドのファンドマネジャーであるマーティン・シュクレリは同社を再建できると考えた。そこで、彼は発行済み株式の50％超を取得した。結果として、株価は800％上昇した。

　キャンベルは株価の上昇がもたらす損失に耐えられなかった。

　当初彼の証券口座には３万ドルほどが入っていた。

　それがゼロになった。

　そのうえ、彼は証券会社に10万ドルを超える借金ができた。

　しかし、彼は10万ドルの現金を持っていなかった。

　そこで、彼は自分と妻の401ｋを解約し、証券会社と返済計画を立てなければならなくなった。

　キャンベルの人生は、重要なリスクを１つ見落としたことで台無しになった。彼は、株価が大きく上昇することなどあり得ないと考えていた（同社自身が清算していると公表していたのだから）。そこで、彼は株式を空売りした。だが、彼があとで気づいたように、ある特定の条件下では株価が大きく上昇する可能性があった。そして、彼は最終的に自分では責任が負いきれないほどのリスクをとっていた。

　多くの投資家がリスクを見落とす主たる理由は、過信である。

　この点を説明するよく引用される統計がある。1960年代、ある研究者が自動車を運転する２つのグループの調査を行った。１つのグ

ループは車をぶつけたばかりの人々で、もう1つのグループは「素晴らしい運転履歴」を有する人々だ。それぞれのグループのドライバーは自らの運転技術を「一流」から「とても劣っている」までの範囲でランク付けするよう求められた。

　事故を起こしたばかりのドライバーたちは自らの運転技術を劣っていると評価すると思うだろう。対照的に、素晴らしい運転履歴を有するドライバーたちは自らの運転技術を好ましく評価すると思うだろう。

　だが、そうはならなかった。

　それぞれのグループのドライバーは、平均すると自分たちの運転技術をおおよそ同じ水準に評価した。実際は、2つのグループは自分たちの運転技術を高く評価したのだ。

　われわれは、たとえそれが明らかに間違いでも、自分たちは有能だと考えたがる。

　同じコンセプトが投資にも当てはまる。われわれは実際よりも事業について詳しいと考えたがる。これについてはコカ・コーラの例が最も優れている。前の第5章で書いたように、コカ・コーラはとりわけシンプルな事業を行っているので、だれもが自分はコカ・コーラを理解していると考えたがる。だが、実際にはウォール街のほとんどのプロたちも同社を理解していない。彼らは、自分たちは理解していると考えたがるが、理解していないのだ。

　同様に、われわれは自分たちの能力を過大評価すると、実際には理解していなくても、すべてのリスクを理解していると考えてしまう。結局、キャンベルのようになってしまう。われわれは最悪のシナリオはそれほどひどいものではないと考えるが、リスクを見落としているので、ポートフォリオを吹き飛ばすことになる。もしくは、

ジョンソンのようになってしまう。われわれは自らの判断の潜在的な影響を理解していると考えるが、後に悪い面を大幅に過小評価していたことに気づく。

　さらにひどいことに、リスクを見定める一般的な方法はほぼ確実に失敗する運命にある。

　リスクを発見する最も一般的な方法を取り上げてみよう。つまり、事業を調査することだ。隠れたリスクを見つけるために、ほとんどの投資家は事業を徹底的に調査し、「デューデリジェンス」を行う。

●彼らはすべての決算報告の資料を読む
●彼らは企業の年次報告書を読む
●彼らは競合他社の年次報告書を読む
●彼らは業界のリポートを読む
●彼らはプロの株式調査リポートを読む
●彼らはときどき経営陣と対話する
●彼らは業界の専門家と対話する

　しかし、これらの方法では隠れたリスクを見つけられない。隠れたリスクが「隠れたリスク」と呼ばれるには理由がある。だれもそれについて知らない。十分なデューデリジェンスを行っても、隠れたリスクに出合う可能性は低い。

　例えば、キャンベルはカロビオスについて自分が望むすべての調査を行うことはできた。彼は最近の年次報告書を読み、同社に関するすべてのニュース記事に目を通すことができた。しかし、それらの情報源では、事業再生の可能性があることは分からなかった。それどころか、カロビオスのCEOでさえ事業再生の可能性があるこ

とを知らなかった。CEO自身が事業を取りやめると発表していたのだ。

　キャンベルが隠れたリスクについて知ったのはリスクが発生したあとだった。時すでに遅し、である。

　前の第5章のデクスター・シューについて考えてみよう。バフェットは何時間もかけてデクスター・シューの経営陣と対話することができたが、経営陣はオフショア化が差し迫っていることについて何も知らなかった。バフェットは終日をかけて国内の靴業界のリポートを読むことができたが、リスクが発生するまでオフショア化のリスクを伝えるリポートはなかった。彼はほかの靴メーカーの株式調査リポートを読むことができた。だが、彼が買いに入った数年後にデクスター・シューが破綻する可能性があると示唆したものは1つもなかった。

　そのため、次のように語る人物になってはならない。「付随するすべてのリスクを理解するために、投資対象のデューデリジェンスを行うことが重要だ」。これは正しくない。企業について資料をどれだけ読んでも、投資の隠れたリスクに対する理解を深められないことが多い。

　それどころか、そのようなマインドセットを持つと自らを欺くことになる。自らに次のように語りかけることだろう。「業界のリポート、企業の年次報告書、競合他社の年次報告書はすべて読んだ。それらの資料のリスク要因の項に目を通したが、そこで挙げられたすべてのリスクなら安心していられる。だから、この株式を買おう」。やがて、隠れたリスク――リポートや記事を読んだだけでは発見できないリスク――があることを知り、自分では責任が負い切れないほどのリスクを抱えることになる。

　投資家が隠れたリスクを見つけるために用いるもう1つの方法が歴史を研究することだ。

　一般的に、歴史の研究は事業の隠れたリスクについて多くを学ぶ効果的な方法である。少なくとも、直近の年次報告書や決算説明会の記録や業界リポートを読むことよりもはるかに効果的だ。目の前の情報だけを読む場合、情報の1つの標本にだけ触れていることになる。発生するすべての大きなリスクがその1つの標本に含まれている可能性は低い。一方で、10年分の歴史を徹底的に研究すれば、発生するすべての潜在的なリスクに出合う可能性は高まる。

　しかし、歴史の研究も完璧ではない。歴史が教えられるのは、過去に発生した隠れたリスクについてだけだ。だが、重大な隠れたリスクの多くは過去に発生していない。

　ゼネラル・リについて考えてみよう。これはバークシャー・ハサウェイの損害（P&C）再保険事業の1つだ。

　保険に詳しくない人々のために記すと、P&C保険会社は顧客から保険料（これがP&C会社の収益）を徴収する。その見返りに、P&C保険会社は、顧客の財産が損害を受けた場合に、顧客に保険金（これがP&C会社の費用）を支払う義務を負う。

　保険契約を引き受ける前に、P&C保険会社は契約によって発生する可能性がある保険金を見積もる必要があるが、そうすることで彼らは保険契約の収益性を割り出すことができる。保険会社は、保険料（収益）は新たな顧客を獲得することで生まれることを知っている。これは顧客との契約書にはっきりと記されていることだ。分からないのは保険金で、これはひょうやハリケーンや火災などが原因で財産がどれだけの損害を被るかによって決まる。簡潔に記せば、ハリケーンや火災などが発生するかどうかは、実際に発生するまで

分からない。さらに、それがどれだけの損害を引き起こすかも分からない。そのため、保険会社はどれだけの保険金が発生するかについては知識や経験に基づいて推測しなければならない。保険金を割り出さなければ、彼らは保険契約を引き受けることが利益になるかどうか、保険料が保険金を超えるかどうか判断できない。

　2000年代前半、ゼネラル・リを含むほとんどの保険会社は主にヒストリカルデータを用いて保険金を見積もっていた。例えば、彼らは、①ハリケーンや竜巻などの自然災害が発生した頻度、②それらが引き起こした損害に関するヒストリカルデータ——に注目した。そして、これらヒストリカルなトレンドから将来を推定し、将来どの程度の保険金が発生するかを見積もっていた。

　しかし、重大な隠れたリスクは過去に発生しなかったので、歴史だけに頼るのは誤りだった。それは、大規模なテロ攻撃だ。

　2001年９月11日、アメリカ本土で過去最大のテロ攻撃が発生し、複数の被保険物に甚大な損害を与えた。

　そのような攻撃は過去にアメリカの国土で発生しなかったので、ゼネラル・リは保険を引き受けるときにそのようなことが起こる可能性を検討していなかった。そのため、同社はテロ攻撃の可能性を補償するためのより高い保険料（価格）を加入者に課していなかった。しかし、同社はテロ攻撃に関連する損害を補償するために24億ドルも保険金を支払う責任を負ってしまった。言い換えれば、同社は保険料（「収益」）を手にすることなく、テロリズム関連の保険金（「費用」）を支払う責任を負った。したがって、同社はリスク・リワードのトレードオフを大幅に過大評価していたことになり、保険引き受けでは当時最大となる誤りを犯したことになった。

　バフェットは次のように述べている。

例えば、財産保険に価格を付けるときに、われわれは過去に注目し、暴風雨や火災や爆発や地震などで被ることが予想される費用だけを考慮していた。しかし、史上最大の被保険物の損失（関連する営業停止保険を加算後）は、それらの要因から発生したのではなかった。要するに、業界のだれもが、イクスポージャーではなく経験に焦点を当て、保険料を受け取らずに大きなテロのリスクを仮定していたことで、基本的な引き受けの誤りを犯した。

したがって、歴史を研究してもすべてのリスクについて学べると期待はできない。将来に発生するだろうあらゆる大きなリスクは過去に発生していない。1960年代、人々はこう言っていた。「アディダスが長期にわたって靴市場で最も支配的な企業になるのは間違いない。結局のところ、同社は何十年にもわたってあらゆる競合他社よりも優位だった」。しかし、1970年代、前例のない隠れたリスクが発生した。ナイキだ。それ以降、アディダスはリーダーではなくなった。2000年代初頭、人々は「マイスペースは間違いなく長期にわたり優勢を誇るだろう。何年にもわたりこのニッチ市場のリーダーであったことははっきりしている」と述べていた。だが、隠れたリスクが、彼らが誤りであることを証明した。フェイスブックだ。

そのため、投資にまつわるすべての重要な隠れたリスクを見つけられなければならない。直近の年次報告書や決算説明会の記録や業界のリポートを読めば、投資に付随するすべてのリスクを理解できると仮定するだけでは不十分だ。それはリスクの評価を間違える最も確実な方法である。真に安全な投資を行うためには、少なくとも重要な隠れたリスクが実際に発生する前にそれを見いださなければ

ならない。さもなければ、キャンベルのように自らを吹き飛ばす結果となる。

この点について手助けを行うために、私は「自らの仮定を検証せよ」と呼ぶ戦略を提示するつもりだ。

自らの仮定を検証せよ

判断を下す場合、その判断には、常にそれを合理的なものとするシンプルかつ基本的な仮定が組み込まれている。

私が言おうとしていることを理解してもらうために、いくつか投資とは関係のない例について考えてみよう。まずは、次の発言が正しいかどうか考えてみてほしい。

発言1　「私は先月、税引き前で2500ドル稼いだ。月2000ドルの住宅ローンを支払って住宅を買うとしたら、500ドルの余裕をもって支払うことができる」

この発言は正しいだろうか、間違っているだろうか。

私の考えでは、完全に合理的なように思える。月に2500ドル稼ぎ、追加の費用が2000ドル発生するとしたら、月に500ドル余ることになる（この例では住宅ローンの支払いについてかなり簡略化している）。

しかし、この結論は完全に誤りともなる。ある仮定が正しい場合にかぎり、この結論は正しい。例えば、このシナリオでは2500ドルという数字は前月の収入と費用を用いて算出されていた。将来、この数字は景気変動や雇用状況の変化や偶発的な出来事（予期しない医療費など）によって異なるものとなるかもしれない。さらに、住宅ローンに関して極めて重要な仮定をしている。例えば、変動金利

型の住宅ローンであれば、月々の支払額は金利が上昇すれば増える こともあり、手元に残る資金は少なくなる。そのため、手元に500 ドル残るという事実は、その他多くの条件が正しい場合にかぎり真 実となる。

　では、このシナリオで、ある個人が住宅ローンを組もうかどうか 判断しようとしているとしてみよう。彼が仮定それ自体も分析の対 象だと考えないとしたら、彼は500ドルの余裕をもって住宅ローン を支払えると仮定するだろう。一方、同じ個人でもこれらの前提を 十分に検討したら、住宅ローンを支払う余裕はないことに気づくか もしれない。彼は、自分たちの仕事が安定しないこと、または先月 の支出を元に将来の支出を予想できないことに気づき、住宅ローン を組まないかもしれない。最終的に、彼は財政的困難に直面せずに 済むかもしれない。

　もう1つ、金融と関係のない発言について考えてみてほしい。

発言2　「就職面接の最終段階で、候補者はこれまでで最も良い 面接だったと伝えられた。そのため、候補者は企業から内定を得ら れると断定している」

　このシナリオの結論（「候補者は内定を得られると断定している」） は合理的だろうか、非合理だろうか。

　表面上、この結論は完全に合理的なように思える。結局、「面接 官がその候補は有力だと言うのだから、間違いなく彼は職を得るに 違いない」。

　しかし、ある仮定が正しくなければ、この結論もまったくの誤り となる。その後の面接でより良い候補が登場したらどうなるだろう か。その場合、採用枠が1つだけだとすれば、シナリオに登場した 個人は職を得られずに終わる。もしくは、就業日までに企業のニー

ズが変わってしまったらどうなるだろうか。その場合、候補者の面接が最も良かったとしても、職にはありつけない。そのため、発言2の結論は完全に合理的に思えるが、ある仮定が正しくなければ完全に誤りともなりかねない。

　結論は合理的でも、完全に誤りともなったこの2つのシナリオと同じように、極めて重要な仮定を見落とすと、投資に関する合理的に思える結論も、完全な誤りともなる。

　具体的には、結論に至るための重要な仮定のすべてを見いだすことができなければ、隠れたリスクを見落とすことになる。

　かつて経営がうまくいっていた製造業者があった。同社の製品は業界内でも強力なブランド力があることで知られていた。同社は同業他社のなかでも最も大きな市場シェアを持っていた。過去を振り返っても、売上高の成長率は1桁台中盤の範囲にあった。投資家には必ずしも魅力的ではなかったが、概して成長率はプラス（2008年の景気後退のようないくつかの例外を除く）だった。

　だが、事態は変化し始めた。売上高はリーマンショックの数年後にピークを打つと、徐々に減少し始めた。まず、売上高が四半期ごとにほんの数％ずつ減少していた。時間がたつにつれ、減少率は増え、四半期で1桁台後半に達した。この減少が30〜40四半期積み重なると、この小さな数値も企業全体の売上高に大きな影響を与えることになった。

　売上高の減少と市場シェアの縮小に十分な対応をしないまま数年が過ぎ、経営陣はやっと行動を起こすことにした。彼らは売上高の成長を取り戻すべく、企業のマーケティング予算を拡大した。彼らはマーケティング予算を5年間で70％も増やした。これはかなりの増額だ。

　同社のIRのプレゼンテーションを聞いたウォール街は、マーケティング費用が増大しているので喜んでいた。彼らが売上高も増大すると仮定したのも完全に合理的なように思われた。要するに、企業がマーケティングに費やす資金が多いほど、そのブランドを知悉する人々が増え、売上高も増大する。結果的に、株式アナリストの財務モデルで仮定する収益成長が突如増大することになり、株価は上昇した。

　しかし、マーケティング計画は完全に失敗だったことが判明する。マーケティング費用を70％も増大させたにもかかわらず、5年間売上高は増大しなかった。概して、売上高はまったく同じペースで減少を続けた。5年間のマーケティングキャンペーンの失敗後、同社はマーケティング担当のバイスプレジデントを交代させた（同社には最高マーケティング責任者はいなかったので、マーケティング担当のバイスプレジデントが社内で最も高位だった。彼の会社は助けが必要そうだったので、私は彼に手伝おうかと申し出さえした）。新しいマーケティング担当のバイスプレジデントはマーケティング予算を当初の水準まで縮小することを決めたが、売上高は同じペースで減少を続けた。

　結局、経営陣に売上高の減少を防ぐ能力はなく、株主たちは損害を被った。実際に、株価は5年間で市場価値の40％を失ったが、現在でもなお、彼らは売上高の減少という問題を解決できていない。

　この製造業者の話で面白いのは、同社の売上高とマーケティング費用が相反する関係にあることだ。ほとんどの投資家と同じように、製品のマーケティングと販売により多くの時間と資金を投じていれば、売上高は大幅に増大すると期待するだろう。「企業が製品の宣伝により多くの資金を投じれば、より多くの人々がその製品を知る

ことになる。より多くの人々が製品を知れば、企業はより多くのお金を稼ぐことになるだろう」。しかし、実際には、企業がマーケティング予算を大幅に増大させても、減少させても、売上高に目立った変化はなかった。したがって、製造業者の例が示すとおり、「マーケティング費用を大幅に増大させれば売上高も大幅に増大する」という結論は完璧に合理的に思えるが、完全に誤りともなるのだ。

　しかし、どうしてこの結論は完全に誤りなのだろうか。

　マーケティング努力が売上高に結びつくためには、重要な仮定が正しくなければならない。つまり、マーケティングの資金が効果的に投じられなければならない、ということだ。投資家が多額の資金を事業に投じても、企業が破綻すればリターンを得られないのと同じように、企業は多額の資金をマーケティングキャンペーンに投じることはできるが、マーケティングキャンペーンが失敗すれば、リターンは得られない。この製造業者の場合、この重要な仮定が明らかに正しくなかった。正しかったとしたら、投資家は5年間のうちに少なくとも多少の売上高の成長を目にしただろう。

　つまり、投資家がこの重要な仮定に気を配っていたら、彼の財政状況ははるかに良い状態にあっただろう。同社の収益予測を無分別に増大させ、マーケティング費用が増えたことで成長は本質的に保証されていると仮定することもなかった。少なくとも、彼らは事実上収益の増大はないという極めて現実的な悪い面のシナリオを認識していただろう。言い換えれば、自らの結論に組み込まれている仮定に気を配っていれば、マーケティングキャンペーンが完全な失敗に終わるという隠れたリスク——調査をしただけでは見いだせないリスク——に気づいただろう。

　投資をするとき、何百もの異なる種類の仮定を検討することがで

きる。

●企業の労働コストに関する仮定を検討する
●企業の配当や自社株買いに関する仮定を検討する
●企業の最近の買収に関する仮定を検討する

　しかし、検討すべき最も重要な類いの仮定は、企業の長期的な競争上の立場に関するものだ。

　長期投資を行うということは、自動的にその事業が長期的に競争力を持つと仮定している。少し考えてみてほしい。通常の環境であれば、事業が長期的に競争力を持つと考えていないのであれば、長期投資を行うのはまったく理にかなわない。要するに、競争力が低下すると思う企業に投資しているとしたら、本質的にそれは事業が長期的に弱体化することを知りながら株式に投資していることになる。これはまったく理にかなわない。そのため、長期投資をするということは、自動的に投資家はその事業が競争力を持ち続けると考えていることを示唆している（この段落の主張には1つの例外がある。弱体化している企業の株価は投資するのが理にかなうように見えるほど安くなることがある。しかし、たいていの場合、企業が長期的に弱くなると思うのであれば、いくら安くても投資をするのは合理的ではない）。

　事業は長期的に競争力を持つという仮定が正しいことを確かめる必要がある。この仮定をじっくりと検討しないと、時間の経過とともに競争優位がゆっくりなくなっていく事業に投資し、大きな損失を被ることになる。

　個人的な例について考えてみよう。

　あるとき、私はネットフリックスに投資をするのが合理的かどうか考えていた。私は企業の長期的な競争力を理解することが投資で成功する鍵であることを知っていたので、まず同社の競争上の優位性を評価した。私がこの分析を行っている時点で、ネットフリックスが競合他社の一歩先を進んでいることは間違いなかった。だが、私が答えるべき疑問は、長期的に競争力を持つかどうかだった。ある意味、私は、同社はバフェットが示した1989年の上位20社の1つのようになるのかどうかを知る必要があった。つまり、同社は向こう10年にわたって支配的であり続けるのか、もしくは最終的にその競争力を失ってしまうのかを知る必要があった。

　私はまず、ネットフリックスが長期的に競争力を持つために真である必要がある仮定のリストを作成した（「ネットフリックスは質の高いコンテンツが必要」「価格競争力が必要」「エンターテインメントの形態としてストリーミングが競争力を持たなければならない」など）。次に、それらの仮定が極めて高い確率で正しいと言えるかどうかを考えた。これらについて熟考後、私は仮定のいくつかは正しいと確信できないことに気づいた。例えば、ネットフリックスが長期にわたって質の高いコンテンツを有することを示す具体的な証拠があるようには思えなかった。そうなるかもしれないし、そうならないかもしれない。私は確信が持てなかった。1社の企業が有するコンテンツの優劣を決める第2層の要素がよく分からなかった。そこで、私はネットフリックスには投資をせずに、最も確信が持てる別の投資アイデアに取り組んだ。

　仮定について熟考することが、私がネットフリックスについて多くの投資家よりも注意深い結論に至るうえで役立った。多くの人々が、ネットフリックスは「有名で、FAANG銘柄」だという理由か

ら同社は極めて強力だと自動的に仮定してしまう。私も、仮定を見直さなかったら、同じ結論を出していただろう。しかし、私は仮定を見直した。そうすることで、率直に言えばネットフリックスが自分のコンピタンス領域の内側にはないことに気づいた。ちょうど、チャーリー・マンガーがアップルは自分のコンピタンス領域の内側にはないと言ったように。

　だが、注意すべき重要なことが1つある。「自らの結論が正しいために、正しい必要がある条件や仮定を把握すること」は投資リスクを管理するためだけの戦略ではない。これは人生のあらゆる分野で正確な予想をするための戦略だ。

　著書『THINK　AGAIN　発想を変える、思い込みを手放す』(三笠書房)でアダム・グラントは予測家のジャン・ピエール・ボゴムの物語を取り上げている。ボゴムは、予測トーナメントを戦ったプロの予測家だった。それらのトーナメントで、彼はほかの予測家たちを相手に「次の大統領選挙ではだれが勝つか」といった世界的な出来事の予測を競った。もしくは、グラントが書いているように、「来年、自動運転車に関連する事故で個人や企業が訴追されるか」といった問題だ。

　だが、ボゴムは普通の予測家ではなかった。彼は超一流だった。グラントは『THINK AGAIN』で次のように記している。

　　競争相手のほとんどが国民投票で可決する可能性はほとんどないと考えるなか、ボゴムの予想は、Brexit（ブレグジット）は50％の確率で可決するというものだった。セネガルの大統領選挙では、現職が再選される基準率が極めて高く、ほかの予測家たちは圧倒的な勝利を予想していたが、彼は見事にも現職は負

けると予想した。そして、彼は、評論家や世論調査が有力候補
とみなすはるか以前から、トランプを有力候補とみなしていた。

　優れた予測を行うための彼の戦略はリスク、つまり自らの予想が
誤りとなる可能性があることを示す証拠を調査するだけではない。
彼はまた、自らの結論が正しいためには、正しい必要がある条件や
仮定についてさまざまな角度から検討する。

　　ボゴムには、自分が間違っていることに気づくためのうまいや
　　り方がある。彼は予測をするとき、正しくなければならない条
　　件のリストだけでなく、意見を変える条件のリストを作成する。
　　彼はそうすることで正直でいられ、誤った予測に固執しないで
　　済むのだと説明している。

　**リスクを評価するには、デューデリジェンスや調査を行うだけは
ならない。それでは隠れたリスクは見つからない。**
　**自らの結論に組み込まれている仮定についてさまざまな角度から
検討しなければならない。**

第7章
知らないということを知っている

Known Unknowns

ウォーレン・バフェットが上場企業に投資していることは多くの投資家が知っている。アップルやウォルマートといっただれでも株式が買える企業だ。あなたも証券口座を開設し、アップルやウォルマートを探し、それらの株式を買うことができる。

だが、すべての投資家、特に投資の初心者たちは、バフェットとバークシャー・ハサウェイが未公開企業にも投資できることを知っているわけではない。スペースXなどの企業である。フィデリティやロビンフッドやeトレードに口座を開設し、「スペースX」や「アルディ」と検索しても、出てこない。これらの企業には、少なくとも今日時点では、一般大衆は投資できない。一方で、バークシャー・ハサウェイやプライベートエクイティ・ファームや大手企業や富裕層などある種の投資主体はこれらの企業に投資できる。

通常、プライベートエクイティ・ファーム（主に未公開企業に投資する投資会社）はこのような投資対象の経営に強く関与している。

アップルのような公開企業に投資する場合、その経営に関与することはできない。アップルに対し、どの製品を導入し、どのマーケティングキャンペーンを展開し、どの銀行からお金を借りるべきか

を命じることはできない。

　プライベートエクイティは正反対であることが多い。多くの場合、彼らは企業の経営に深く関与する。例えば、彼らは企業に投資すると、人件費を削減するために従業員を解雇する。ある研究では、プライベートエクイティの支援を受けた企業では彼らの投資後、平均で５％の雇用が減少することが分かっている。

　彼らが企業の成長戦略を命ずることもある。私が大学１年生のとき、アサド・アブドラというとてもフレンドリーな人物が彼のプライベートエクイティ・ファームのラダゾン・キャピタルでインターンを経験させてくれた。そこで私は、同社が保有する企業に成長戦略を命ずるためにたくさんの仕事――役に立っていたことを望むが――をした。私は彼らが手を広げられるさまざまな市場についてブレインストーミングを行い、それらの市場への浸透が成功すれば、どれだけ収益を増やせるかを予想した。私は、保有する企業がどうすればウェブサイトのユーザインタフェースを改善し、理想を言えば、コンバージョンを増やせるかについてパワーポイントの資料を作成した。

　プライベートエクイティ・ファームが企業の経営に関与するのは完璧に合理的である。関与しないわけがないではないか。そうすることがお金を稼ぐ役に立つのだ。プライベートエクイティ・ファームは、投資先の企業の売上高を増やし、費用を削減するための戦略を見いだせることが多い。それらの戦略が正しいとすれば、彼らは企業の収益性を高めることができ、最終的には自分たちのROI（投資利益率）を増大させることになる。

　しかし、興味深いことにバフェットはまったく異なる方法論をとっている。

バフェットが未公開企業を買うと、彼はめったにその経営に関与しない。彼は通常、保有する企業のCEO（最高経営責任者）たちに、製品をどのように位置づけるか、どのマーケティングキャンペーンを実施するか、または達成する必要がある利益率はどの程度かを命じることはない。例えば、過去の年次総会で、バフェットは保有する未公開企業のCEOやCFO（最高財務責任者）に予算を報告させることはないと述べた。バークシャー・ハサウェイはそれら企業の過半数か、すべてを保有していることが多い。それでもバフェットは彼らがどれだけの予算を組んでいるか報告することを求めない。彼は、彼らとまったく話をしない場合もあるという。

> 最も成功しているわれわれの子会社のCEOがいるが、私はここ（バークシャー・ハサウェイの年次総会）で彼に会って挨拶をしたことを除けば、おそらく過去10年で3回しか話をしていない。彼は本当にうまくやっている。私が彼に3回話をしなかったら、もっとうまくやっていたかもしれない。

私が調査したところ、バフェットがほとんどのプライベートエクイティ・ファームとは異なり、保有する企業の経営に関与しない大きな理由が2つある。

1つ目は、優秀な人材を引き付けるためだ。人々は自主性を好む。人々は細かいことまで口出しする上司を煙たがる。そこでバフェットは、子会社の経営に関与しないことで、彼の下で働くCEOたちに自主性を与えている。それがバークシャー・ハサウェイをCEOたちが働くより好ましい場所とし、バフェットが優秀な人材を多くのプライベートエクイティ・ファームから引き抜くことを可能にし

ている。

　2つ目は、本章の主題にとってはさらに重要なのだが、バフェットは実際に経営しているCEOたちよりも保有する企業に詳しくない。これについて考えてみよう。

　後に詳細に議論するとおり、バフェットはあっという間に買収の判断を下すことが多い。実際に、彼は企業について数時間話を聞いただけで判断を下すこともある。2001年、額縁製造会社のラーソン・ジュールの所有者は事業をバフェットに売却したいと考え、彼に接触した。彼らは電話で15分間話をした。その電話で、バフェットは同社が優れた投資対象となる可能性があると結論した。それまで同社について聞いたこともなかったのに、である。そこで彼は企業の所有者をネブラスカ州オマハのオフィスに招き、事業についてさらに詳しく話し合った。オフィスでは、バフェットは事業の所有者に90分間だけ質問をし、そして同社への投資を正式に決定した。たった105分でバフェットは企業全体を買収したのだ。

　105分あれば、その企業について多くのことを学べる。バフェットの場合、投資を実行するに十分なことを学んだ。

　しかし、彼はたった105分ですべてのことを学べるとは思っていなかっただろう。彼はたくさんのことを学んだが、それは20年にわたり同社を経営してきた事業の所有者の足元にも及ばない。そのため、バフェットには、数十年にわたって実際に事業を経営してきた経験を持つ所有者と同じように経営判断を下す能力はない。バフェットの言葉を借りれば、子会社のCEOたちに企業の経営方法を教えるなど「愚の骨頂」ということだろう。

　バフェットは公開会社でも同じ方法論をとる。彼は1988年以降に公表されたコカ・コーラの年次報告書をすべて読んでいるが、コカ・

コーラのCMO（最高マーケティング責任者）にコカ・コーラのブランドを改善する方法を命じたりはしない（この点に対する反論は、バフェットはコカ・コーラの取締役であり、経営陣にアドバイスをしていたかもしれないというものだろう。しかし、役員会のメンバーであっても、バフェットの関与は、多くのプライベートエクイティ・ファームほど深いものではなかっただろう）。彼は、コカ・コーラのCMOほどマーケティングや販売やブランディングについては詳しくない。バフェットは過去50年以上にわたるバンク・オブ・アメリカの年次報告書をすべて読んでいるが、彼はCEOに預金を増やす方法や、課すべき金利の計算方法を命じたりはしない。彼は銀行経営については銀行のCEOほど詳しくないからだ。

　バフェットが保有する企業に関与しないという事実は、すべての投資家にとって重要な教訓となっている。つまり、徹底的に事業を研究することはできるが、それでもその事業に関するすべてを理解するには程遠いということだ。これがコカ・コーラやバンク・オブ・アメリカに当てはまった。バフェットはこれらの企業について、現役のどんな投資家よりも詳しく研究しているが、それでも彼は知らないことがたくさんあることを知っているのだ。

　実際に、企業への投資判断を下すために重要なことをすべて知っているわけではないことが多い。

　ディズニーへの投資を考えているとしてみよう。調査の一環として、ディズニーに関するコンピタンスの第2層を構築したいと思うだろう。そのためには、ディズニーには素晴らしい顧客体験を生み出す優れたコンテンツがあること（コンピタンスの第1層）を認識するだけでなく、理論上、何がディズニーのコンテンツの魅力を左右するのかを理解する必要がある。コンテンツに関するコンピタン

スの第2層があれば、将来、優れた顧客体験をもたらすディズニーの能力を損なうものがあるかどうかを徹底的に評価できる。

　しかし、ディズニーのコンテンツの質や顧客体験に関するコンピタンスの第2層を構築できると期待するのは現実的ではない。それほど簡単なことではない。ディズニーのブランドに関するコンピタンスの第2層は構築できる。ブランドの成否を決める要因に関する本や記事や研究資料はたくさん見つかるだろう。だが、ディズニーのコンテンツの質については同じことは言えない。優れたコンテンツを生み出す要因について書かれた資料を何時間もかけて読むことはできる。しかし、ディズニーのコンテンツをほかの何よりも優れたものにしている重要な第2層の要素に出合う可能性は低い。それどころか、ディズニーは他社にマネされたくないと考えているので、そのような情報はディズニーの幹部たちが秘密にしている。

　これはディズニーに投資できないということだろうか。ディズニーのコンテンツの質に関するコンピタンスの第2層が分からないという事実は、ディズニーを理解していないと結論するに十分な理由だろうか。そうではない。

　コンピタンスの第2層を十分に構築していないというだけで、企業への投資を回避する理由にはならない。

　ほとんどの企業について、コンピタンスの第2層を十分に構築できないというのが現実だ。

　例として、スキットルズやエムアンドエムズやスニッカーズを保有するマース・リグレーを取り上げてみよう。同社の競争力についてすべてを十分に理解するためには、よりおいしいキャンディを作ることがどれほど難しいかを理解する必要がある。そのためには食品科学の基本的な理解が必要となる。しかし、食品科学については

何も分からないのではないかと思う。

フルーツ・オブ・ザ・ルームを例にしてみよう。フルーツ・オブ・ザ・ルームを凌駕するのがどれほど難しいかを十分に理解するためには、フルーツ・オブ・ザ・ルームの下着よりも消費者に好まれる下着を作ることがどれほど難しいかを理解したいところだ。しかし、それを理解することはできない。そのためには、製品開発と消費者が下着をどのように評価するかを十分に理解する必要がある。これはだれもが理解できることではない。

桁外れの投資家たちは、自分たちが事業についてすべてを理解していることはほとんどないことを認識し、賢明な投資判断を下すために十分な知識を確実に得るようにしている。実際に、それこそがバフェットがしていることだ。前述のとおり、彼は自分が保有している企業についてすべてを知っているわけではない。そのため、彼はCEOたちに何をすべきか命じない。だが、それと同時に、彼はそもそもそれらの企業に投資するための十分な知識はあると考えている。同様に、バフェットはコカ・コーラやバンク・オブ・アメリカの年次報告書を何十冊も読んでいるが、それらの企業に関するあらゆることを知っているわけではない。しかし、彼はこれらの企業に投資をするに十分な知識があることは理解している。

実際に、十分に知っていることと知らないことを把握できるかどうかが、投資判断を下すうえでは極めて重要だ。

自分が知っていることを過少評価すると、素晴らしい投資機会を見逃すことになる。バークシャー・ハサウェイの大きな誤りのいくつかは、バフェットとチャーリー・マンガーが自分たちの知識を過少評価したことが原因で起こった。例えば、彼らは初期のグーグルを分析していた。彼らは同社の事業は素晴らしいと結論した。さら

に、彼らは同社のエコノミーを十分に理解していると思っていた。しかし、それでも彼らは引き金を引くことをためらった。グーグルがハイテク企業、つまり自分たちが理解するのが難しいと考えている企業なので、彼らは自分たちが理解しているかどうか十分に確信が持てなかった。そのため、彼らは投資をしないことにした。後知恵にはなるが、バフェットとマンガーはグーグルが素晴らしい企業であることを知っていたが、自分たちの知識を過少評価していたことをわれわれは知っている。マンガーはバークシャー・ハサウェイの年次総会で次のように振り返った。

> グーグルをちゃんと見極められなかったことに赤面する思いだ……大失敗した……グーグル広告が成功する様をわが事として見ることもできたのに。でも、われわれはただ指をくわえているだけだった。

　反対に、自分がどれくらい理解しているかを過大評価すると人生を台無しにしかねない。実際に、それは第6章で紹介したジョー・キャンベルに起こったことだ。彼は、カロビオスは清算をしているのだから株価が上昇するはずがないと確信していた。そこで、彼は大きなショートポジションを取った。しかし、やがて彼は、投資に付随する主要なリスクをすべて理解していたわけではなかったことを学んだ。つまり、同社を再生しようとする者が現れるというリスクである。結果として、彼は人生の蓄えを吹き飛ばしてしまった。

　十分に知っている場合と知らない場合を把握する役に立てるように、私は2つの道具を共有したいと思う。1つ目は、ストレステストと呼ばれるもので、これはコンピタンスの第2層が十分に構築さ

れていない場合を見極める役に立つ。2つ目は、重要な知っていることのマトリックスと呼ばれるものだ。重要な知っていることのマトリックスは、賢明な投資判断を下すために事業について十分に知っているかどうかを体系的に把握するうえで役に立つ、意思決定の道具である。

ストレステスト

　私は前の第6章ではあえて重要な情報を伝えずにおいた。

　「80％パストルールに従え」と題した第3章では、世界で最も成功している投資家たちがいかに熱心に歴史の研究を行っているかを指摘した。バフェットはコカ・コーラに投資する前に、同社の10余年分の年次報告書を読んだ。レイ・ダリオは、彼がキャリアの初期に犯した最も大きな誤りの1つは歴史を徹底的に調査しなかったことに原因があることに気づいた。そして、マンガーはGM（ゼネラルモーターズ）について学ぶために、同社のほぼすべての年次報告書を読んだ。

　われわれはまた、集中して読むべき年次報告書の種類についても議論した。それは企業の初期段階の報告書や破綻した企業の報告書などだ。

　だが、私が言及しなかった年次報告書の種類がもう1つある。率直に言って、それは最も重要な年次報告書だ。

　どのような年次報告書だろうか。特定のリスクに対する事業のストレステストを行うことを可能にする年次報告書である。

　2008年の金融危機のあと、連邦政府は銀行の規制を変更した。変更の一環として、厳格なストレステストの実施を要件に加えた。

　ストレステストとは、さまざまなリスク要因に対する銀行のレジリエンス（回復力）を検査するものだ。ストレステストに際し、銀行は自分たちに影響を及ぼす大きな危機を乗り越えられるかどうかを調べるために、シミュレーションを行う。例えば、リスク管理部門は自らに次のように問う。「住宅価格が20％下落したら、われわれには負債に対応できる十分な資産があるだろうか。明日、失業率が4％上昇し、経済が低迷しても、われわれは倒産を回避できるだろうか。失業率が上昇し、経済が一気に悪化しても、危機に耐えるだけの資本があるだろうか」

　銀行が特定のリスク要因に対するレジリエンスを理解するために自らのストレステストを行うように、われわれも自分たちが保有する企業のストレステストを行うことができる。もちろん、平均的な投資家が銀行のような手の込んだモデルを用いて企業のストレステストを行うことはできない。だが、歴史を用いることはできる。

　1つの事業に関する第2層の要素に確信が持てない場合はストレステストを行えばよい。それを正しく実行するためには、企業の競争優位の源泉についてよく理解していないことは何かを見つけたい。それは製品の質だろうか。より低い費用で製品を製造する能力だろうか。それ以外の何かだろうか。そして、その競争優位が脅威にさらされている時期の歴史を見返したい。そうすることで、特定の競争上の脅威に対する企業のレジリエンスが分かる。

　例えば、あるとき、私はディズニーの競争力について考えていたとしよう。

　同社がとても競争力のある事業を行っていることは分かっていた。その理由の1つが、ディズニーには強力なブランドがあることだ。人々が休暇にどこへ出かけようかと考えるとき、たいていの場合、

ディズニーランドがまず思い浮かぶだろう。実際に、同社のブランドは強力なので、ハワイよりも多くの来訪者を引き付けている。ある情報によれば、毎年2000万人ほどがディズニーランドを訪れるが、ハワイを訪問する人は年間1000万人にすぎない。さらに、ディズニーにはとても面白いコンテンツがあることは分かっている。数十年にわたって、ディズニーが一貫してクオリティーの高いコンテンツを発表しているというだけで、習慣的にディズニーを見ている。子供たちは来る日も来る日もディズニーのチャンネルを一気見することができるが、これはほかの多くの番組には当てはまらない。

　しかし、私は知らないということを知っていたので、同社を理解していると結論することをためらった。つまり、分からないことがあるというのが分かっていたのだ。私は優れたコンテンツを生み出す第2層の要素を理解していないことは分かっていた。だが私は、同社がもっと面白いコンテンツを作れる可能性があるかどうかは分からなかった。ディズニーには、競合他社がより良いコンテンツを生み出すことを困難にする秘伝のソースがあったのだろうか。もしくは、ディズニーのコンテンツは広く知られているので、人々はそのリバースエンジニアリングができたのだろうか。さらに、だれかがよりクオリティーの高いコンテンツを生み出した場合、どのような結果になるか私には分からなかった。ディズニーはゆっくりと視聴者を失い始めるのだろうか。急減するのだろうか。それとも増やし続けるのだろうか。私には分からなかった。

　そこで私は事業のストレステストを行った。私は、競合他社がクオリティーの高いコンテンツやほかの形態のエンターテインメントを生み出した時期の歴史を振り返った。私は、ディズニーが衰退し始めるかどうかを理解するために、YouTube（ユーチューブ）が

勢いを増した時期を振り返った。私は、ディズニーがレジリエンスがあるかどうかを理解するために、ネットフリックスがサービスを開始した時期を振り返った。そして、人々がディズニーを視聴しなくなるかどうかを見定めるために、有名ユーチューバーがユーチューブチャンネルを開設し、ディズニーよりも魅力的なコンテンツを配信し始めた時期を振り返った。

　私はとても面白いことに気づいた。テレビの視聴者の減少、ネットフリックスの隆盛、ゲームの成長、YouTubeの誕生などディズニーは過去20年にわたって数多くの向かい風を受けてきたが、人々はディズニーのコンテンツを引き続き視聴していた。2000〜2020年まで、ディズニーのメディアネットワークの収益——ディズニーがケーブルテレビ、衛星放送、Hulu（フールー）などのプラットフォームを通じたコンテンツの配信から得た売上高——は増大している（メディアネットワークの収益には、ディズニーランドやストリーミングで得た収益は含まれていない。そのため、ディズニーのストリーミング以外の視聴者数という点では、総収益よりも優れた代用指標となる）。同様に、2000〜2020年までの期間、同社の競争優位は大きな脅威にさらされていたが、それでもディズニーのメディアネットワークの営業利益は安定的に増大していた。

　ここから分かったことは、ディズニーの事業は競争上の脅威に対して極めてレジリエンスがあるということだった。ネットフリックスは素晴らしい番組を世に出すことができる。しかし、ディズニーは競い合うことができた。ケーブルテレビの加入者数は大幅に減少しかねない。しかし、それでもディズニーは売上高を伸ばすことができる。YouTubeはディズニーよりもクセになるコンテンツを生み出すことができる。iPhoneのアップストア、ソニーのプレイス

図7.1　2000〜2020年までディズニーの売上高は競争上の立場が大きな脅威にさらされながらも増大した

2000〜2020年までのディズニーのメディアネットワークの収益と営業利益
（100万ドル）

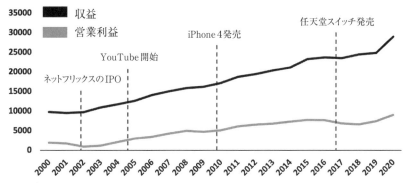

出所＝キャピタルIQ

テーション、マイクロソフトのXボックスは非常に面白いゲームを市場に送り出すことができたが、それでもディズニーは乗り越えることができた。

　つまり、私は、人々がエンターテインメントをあれやこれやと楽しむ理由に関する第2層の要素を理解していなかったが、それでも他社がより優れたコンテンツを生み出すリスクは低いことは理解できた。私にはそれを証明するたくさんのデータがあった。モバイルゲーム、Xボックス、ネットフリックス、Huluなど、ディズニーがどのような競争上の脅威にさらされようとも、同社は競合他社と同じように人々を楽しませることができる。同社は大きなストレスに直面するかもしれないが、それでも乗り越えることができるだろう。

　そのため、事業の第２層の要素を理解していないときはストレステストを行えばよい。

　だれかがより良い製品を市場に出すリスクを理解していないならば、ストレステストを行えばよい。競合他社がより良い製品を発表した時期の歴史に目を向け、企業がどのように対応したかを理解すればよい。レジリエンスがあっただろうか。もしくは、企業の競争優位は損なわれただろうか。

　自然災害が保険会社にどのような影響を及ぼすかを理解していないならば、ストレステストを行えばよい。大きな自然災害が発生した時期の歴史に目を向ければよい。保険会社がそのような出来事を生き抜くためにはどのようなバランスシートが必要だっただろうか。今日、保険会社はそのようなバランスシートを持っているだろうか。

　しかし、特筆すべきは、ストレステストをコンピタンスの第２層を構築する代わりとして用いるべきではないことだ。

　ストレステストは、事業が過去に大きなストレスに直面した場合に限って有効なのだ。多くの企業がディズニーよりも優れた顧客体験を生み出そうとしていなかったら、私はディズニーのストレステストを実施できなかった。競合他社がより良い顧客体験を生み出そうとした場合にディズニーがどうなるかを理解する役に立つような歴史がなかったことになる。同様に、将来に発生するリスクが過去に発生したリスクよりも大きいならば、保険会社のストレステストは正確ではなくなる。保険会社が過去に直面した最悪のリスクがマグニチュード7.0の地震だとしたら、明日マグニチュード9.5の地震とパンデミックが起きても、ストレステストは役に立たない。保険会社は、マグニチュード9.5の地震とパンデミックを生き抜くためには、マグニチュード7.0の地震が発生したときよりもはるかに大

きなバランスシートが必要となる。しかし、過去にそのようなリスクは発生しなかったので、歴史を見てもパンデミック期のマグニチュード9.5の地震を生き抜くために、保険会社はどのようなバランスシートが必要かは分からない。そのため、保険会社が前例のないマグニチュード9.5の地震とパンデミックを切り抜けるかどうかを評価することはできない。

　実際に、前例のないレベルのリスクが発生することは珍しくない。かつてナシム・タレブはハーバード・ビジネス・レビューの記事で次のように書いた。

> リスク管理者は後知恵を用いて将来を予想しようとするが、それは誤りだ。残念ながら、われわれの調査は、過去の出来事は将来のショックと何ら関係がないことを示している。第1次世界大戦、2001年9月11日の攻撃などの大きな出来事にその前例はなかった。同じことが株価変動にも当てはまる。1980年代後半まで、株価の1日での最大の下落幅は10％ほどだった。しかし、1987年10月19日に株価は23％下落した。ではなぜ、その後の暴落が23％程度で済むとだれもが予想したのだろうか。常に多くの者は歴史に欺かれるのだ。

　実際に、私は過去にその事業が大きなリスクにさらされていなかったので、ストレステストに苦労したことがある。私はPER（株価収益率）が3.5倍の専門小売店を分析していた。同社は従来型の企業としては大きな競争優位を持っていなかったが、素晴らしい事業を行っていた。財務面で見ると、同社はほとんどの小売業者よりも大きな売り場面積当たりの売り上げを生み出し、優れたROC（資

本利益率）を上げていた。

しかし、株価が振るわない理由が１つあった。業界が混乱していたのだ。同社の競合他社の１社は極めて強力なオムニチャネルの販売戦略を講じていた。実際に、その競合他社は自社のウェブサイトやアプリを使うことで消費者により効率的に商品を届けられることが分かっていたので、アマゾンからすべての商品を引き揚げていた。さらに、私が分析していた企業はその競合他社ほど競争力のある事業戦略を構築できないことはだれもが知っていた。競合他社は、私が分析していた企業に対して大きな優位性を持っていたのだ。

私個人は、その事業の重要な第２層の要素のすべてを十分に理解しているわけではなかった。そのため、その企業の長期的に現金を生み出す能力が競争によってどのくらい損なわれるか理解していなかった。そのため、3.5倍というPERは事業を過大評価しているのか、過小評価しているのかを判断するのが難しかった。

さらに、事業のストレステストが難しかった。過去にその事業の長期的な見通しがこれほどの脅威にさらされたことがなかった。そのため、私は歴史を振り返ることで、事業が同様のリスクに直面したときに何が起こるかを把握できなかった。

結果として、私はこの企業を見送らざるを得なかった。PERはたった3.5倍なのだから、このまともな企業への投資には魅力があった。しかし、私は投資対象に付随するリスクを理解していなかっただけでなく、事業が長期的にどのようになるのかも理解していなかった。そのため、私は規律を保ち、別の企業の分析に移らざるを得なかった。

だが、事業の第２層の要素をきちんと理解していたら、その将来を予想できただろうか。事業の第２層の要素を十分に理解している

場合、ストレステストを行う必要はない。ニック・スリープを覚えているだろうか。彼は、2000年代初頭にアマゾンを買った投資家だ。彼はアマゾンの成功を予想するために競合他社のストレステストを行う必要はなかった。たとえ彼がそうしたいと考えたとしても、それはできなかっただろう。アマゾンのような企業の前例はなく、したがって歴史もなかった。それでも彼は、同社の第2層の要素を十分に理解していたので、アマゾンが成功することを理解できた。

　つまり、常にコンピタンスの第2層の構築を優先しなければならない。それは事業を理解し、その将来を予想する最良の方法である。しかし、常に事業の第2層の要素を理解できるとは限らない。そこでストレステストが登場する。それによって、現時点では理解していない事柄に関する理解をある程度深めることができる。ある意味、自らの理解の隙を埋めることができる。これはコンピタンスの第2層の構築には劣るが、事業のコンピタンスの第2層を十分に理解できない場合の優れたバックアップとなる。

重要な知っていることのマトリックス

　バークシャー・ハサウェイの1998年の年次総会で、ある投資家がバフェットに経済の見通しについて2つ質問をした。

1．世界の「金融界の向こう10年間の事業環境」をどのように考えているか
2．「向こう10年間の経済競争におけるアメリカの立場」をどのように考えているか

これに対して、バフェットはあ然とするようなことを述べた。

> あなたはだれもが知りたがる質問を２つしましたが、得られる
> 答えは素っ気ないものでしょう……それらの事柄についてわれ
> われはそれほど考えていません。それらの問題に対するわれわ
> れの過去の見解はそれほど優れたものではなかったでしょう
> ……それよりむしろ、われわれは２つのことについて考えよう
> としています。重要なことと知り得ることについて考えようと
> しています。

　最後の文章は優れた意思決定の要点をとらえている。常に知り得
ること、そして重要なことに焦点を当てるべきだ。
　あらゆる情報が重要か重要でないか、そして知り得ることか知り
得ないことかに分類できる。これを２×２のマトリックスで考えて
みよう。あらゆる情報が４つの象限のどれか１つに入るだろう。
　重要な情報は企業の長期的な成功を予想するうえで極めて重要で
ある。懸命に理解しようとすべきはそのような情報だ。重要な情報
の例として、ブランド力、製品の質、経営陣の質、企業文化、費用
効率などがある。これらの要素は企業の長期的な成功の80％を決め
る20％の要素だ。したがって、投資家はそれらを深く研究すべきで
ある。
　一方、重要でない情報とは、企業の長期的な成功の予想に役立た
ない情報だ。例を挙げると、GDP（国内総生産）成長率、インフ
レ率、外国為替、市場サイクル、大統領選挙、業界のトレンド、投
資スタイル、短期的な逆風、短期的な追い風、企業の一時的な問題、
配当利回り、ほとんどの自社株買い策、株価ターゲット、予想され

図7.2　重要な知っていることのマトリックス

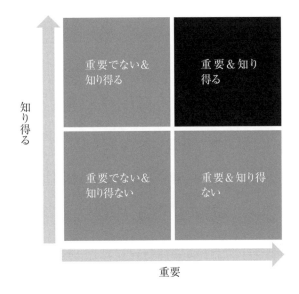

る倍率（マルチプル）の低下と、まだまだほかにもある。それらの
要素を見ても、事業が長期的に成功するかどうか分からない。５年
後にウォルマートがさらに成功しているかどうかに賭けようとして
いるとしたら、インフレ率や市場サイクルや自社株買い策や配当利
回りなどに焦点を当てて分析することはない。つまり、それらは調
査の焦点とはならないはずだ。メディアやほかの投資家がそれらに
注目しているとしても、長期的な投資家は注目すべきではない。

　知り得る情報とは、徹底した調査を行うことで理解できる情報で
ある。ディズニーの顧客体験の質は、私にとってある程度知り得る
要素だった。私はディズニーのコンテンツの質に関する競争上のリ
スクをより良く理解するために、同社のストレステストを行うこと
ができた。企業の利益率を分析しているならば、企業の費用効率は

知り得る情報である。事業が成功か失敗する理由に関する本や記事を読んでいるならば、消費者行動は理解できる情報だ。つまり、知り得る情報とは、調査を行えば理解できる情報のことである。そして、それが重要ならば、調査すべきである。

　一方、知り得ない情報とは、理解できない情報である。知り得ない情報の例をいくつか挙げよう。３年後の環境規制はどのようなものだろうか。２年後の企業のPERはどの程度だろうか。今年、景気後退はあるだろうか。企業はR&D予算をどのように配分するだろうか。多くの場合、どれほど調査を行っても、このような情報は理解できない。本質的に、今後２年のうちに景気後退があるかどうかはだれも正確には分からない。そして、ほとんどの企業は自社の費用構造を詳細に分解したりはしない。

　投資をするときに、知り得ない事柄を学ぶことに時間を費やすべきではない。それは時間の無駄でしかない。何時間もかけて研究しても、健全な投資判断を下す役には立たない。例えば、企業の翌年のPERを知ることは重要だと言う人々もいる。彼らによれば、それは企業の将来の株価に影響を及ぼすからだ。しかし、投資判断を下すときに、企業の将来のPERがどうなるかを考えるのは賢明ではない。それは知り得ない数字だからだ。つまり、その企業に対する投資家たちの意見が来年どのようになるかが分からなければ、企業の将来のPERがどうなるかは分からない。PERがどうなると思うかに基づいて投資判断を下すとしたら、それは正しいかどうか分からない仮定に基づいて投資判断を下したことになる。しかし、第６章の「隠れたリスクを見つけだせ」の「自らの仮定を検証せよ」で書いたように、知り得ない仮定に頼るのは、お粗末な判断を下す確実な方法である。そのため、単純に知り得ない要素の分析に集中

しているならば、お粗末な投資判断を下すことになる。

　私は、重要な知っていることのマトリックスに基づいて、３つの疑問をリストアップした。投資判断を下す前に、これら３つの疑問について考えることが、賢明な投資判断を下すために、十分に事業を理解しているかどうかを判断する一助となるだろう。

疑問１ ——知り得ないが重要な情報はあるか

　考えるべき第一の疑問は、重要だが知り得ない情報があるかどうかだ。

　このカテゴリーに入る情報がないならば、それでよい。つまり、事業に関するすべての重要な要素は調査をすれば理解可能ということだ。

　このカテゴリーに入る情報がいくつかあるとしても、それは世界の終わりではない。

　実際、重要な事柄を知り得ないことは珍しくない。例えば、CEOの質を決める重要な要素は彼らの経営哲学である。彼らはどのように経営上の判断を下しているだろうか。彼らはどのくらい革新的だろうか。彼らは顧客を幸せにすることにどのくらい没頭しているだろうか。CEOの質を評価するためにこれらの疑問に答えることは重要だが、それができないことが多い。年次報告書にそれを知る手がかりがあるとは限らない。さらに、平均的な投資家は経営者に電話をかけ、彼らの経営哲学を尋ねることはできない。

　重要だが知り得ない要素に対処するシンプルな戦術がある。

　重要だが知り得ない情報のすべてのリストを構築することだ。そして、そのリストを調査し、「この重要な要素が分からなくても安

心して企業に投資できるだろうか」と自らに問うのだ。

　その答えが「イエス」の場合もあるかもしれない。企業の製品は
とても強力なので、CEOの経営哲学が分からなくても安心してい
られるかもしれない。そうであれば、自由にその企業に投資すれば
よい。

　しかし、答えが「ノー」の場合があるだろう。これは、PERが
3.5倍だった専門小売店で私が経験したことだ。この場合、私が知
らない重要な要素があった。つまり、同社の長期的な競争上の立場
が強いかどうかだ。そこで、私は「同社の長期的な競争上の立場を
理解していなくても、安心して保有していられるかどうか」と自ら
に問うた。そして、私は安心していられないと結論した。したがっ
て、私は賢明な投資判断を下すための十分な知識を持っていなかっ
たので、同社の株式には投資しなかった。

疑問２──知り得るが、重要ではない何かに基づいて投資判断を下しているか

　自らに問いたい２つ目の疑問は「知り得るが、企業の長期的な成
功にとって重要ではない何かに基づいて投資判断を下しているか」
である。

　その答えが「ノー」ならば、それでよい。長期的には重要でない
要素に基づいて投資判断を下したいとは思わないだろう。

　重要ではない要素に基づいて投資判断を下しているとしたら、立
ち止まるべきだ。そのような重要でない情報は忘れてしまえばよい。
投資家であれば、結果の80％を生み出す20％の要素に常に焦点を当
てなければならない。企業の長期的な成長にとって重要ではないこ

とが分かっている何かに基づいて長期的な投資判断を下すのは賢明ではない。

　重要ではない情報を考慮することに伴う大きな危険性は、思考にバイアスをかけてしまうことだ。

　投資対象が実際よりもはるかに優れていると勘違いしてしまう原因となる場合もある。後の章で注目すべき例を広範囲に取り上げるつもりだ。それはブロックバスターの例である。

　当時、多くの投資家がブロックバスターに強気だった。ブロックバスターには強力なブランドがあった。同社のサービスはニッチ市場を支配していた。同社のCEOは利益率をあっという間に高めるいくつもの方法を考えていた。ブロックバスターの市場への浸透度は高くなかったので、市場シェアを高めるチャンスがあった。

　しかし、最終的に、これらすべての理由は、ネットフリックスがより良いサービスを生み出したという事実の前では取るに足らないものだった。もちろん、ブロックバスターのブランドが重要でなかったのではない。しかし、優れたサービスが存在することの重要性に比べれば、重要でなかったことは疑問の余地がない。もちろん、利益率を数％高める方法がいくつかあることがまったく重要でないわけがない。だが、競争力のあるサービスが存在することの重要性に比べれば取るに足らないことだった。もちろん、成長機会に焦点を当てることが重要でないわけがない。だが、それも優れたサービスが存在することの重要性に比べれば、大したことではなかった。

　ある意味、ブロックバスターに強気だった投資家たちは、比較的重要でない要素に集中したことで、思考にバイアスがかかっていた。彼らはサービスの質に比べれば重要ではないすべての要素に注目していた。つまり、ささやかな利益率の上昇、大きな市場規模、ブロ

ックバスターの強いブランドなどだ。結果的に、ブロックバスターは成功すると彼らは考えた。要するに、彼らの思考はブロックバスターが成功する数多くの理由でいっぱいだった。しかし、それらの理由は、彼らが深く考えていなかったサービスの質に比べれば重要ではなかった。結果として、ブロックバスターが成功するという投資家たちの予想は外れた。

　知り得るが重要でない情報に集中することで、株式について過度に悲観的になり、大きな投資機会を見逃してしまう場合もある。コカ・コーラを例に取り上げてみよう。

　コカ・コーラは1919年に公開したとき、多くの問題を抱えていた。コカ・コーラは「砂糖業界と瓶詰め業者と対立」していたが、それが原因で株価は40ドルから19ドルに下落した。

　当時、多くの人がコカ・コーラへの投資を怖がっていた。「市場価値を50％以上失わせるような数多くの取引上の問題を抱えているような企業には投資したくない」

　だが、それらすべての問題は、確かに短期的には同社が市場価値を50％以上失う原因とはなったが、長期的には重要ではなかった。把握すべきはるかに重要なことは、同社が最終的に世界最強のブランドの1つを構築し、顧客たちを幸福にできるということだった。かつてバフェットは次のように振り返っている。

　　　コカ・コーラが上場したのは、1919年だったと思う。最初の年は40ドルだったが、50％超下落した。その年の末には19ドルまで下落していた。瓶詰め業者との契約にいくつか問題があった。砂糖業者とも問題を抱え、その他にもさまざまな問題があった……それは注目すべき重要なことではなかった。重要だったの

は、彼らが1日に販売する8オンス（240ミリリットル）の清
涼飲料が10億本にもなろうとしていたことであり……世界中で
人々を1日に10億回幸せにするために支払わなければならない
価格はたった数ドルだということだ。40ドルが19ドルになった
が、配当の再投資もあわせれば、今日までに優に500万ドルを
超えているはずだ。そして、同社の将来に関してこのような偏
狭な考えに基づき、行動することを妨げる問題に目を奪われて
いたら、大波を見逃していたことだろう。

疑問3──知り得る重要なことをすべて知っているだろうか

　私は、消費財の企業への投資を計画していた投資家を知っている。
彼はこう考えていた。「この消費財の企業はまれに見る素晴らしさだ。
消費財にとってブランドは重要だが、同社のブランドは強力だ。こ
の企業のブランドについてはだれもが知っている。この分野ではナ
ンバーワンのブランドで、同社の競合他社には比肩するようなブラ
ンド力はない。またこの企業は極めて割安だ。PERはたった9倍で、
タダみたいなものだ」
　彼はその日に同社の株式を買った。
　本当に優れた投資機会だったのかどうか疑問に思った私は、市場
データを収集しているスタティスタで同社のことを調べてみた。私
は、同社のブランド力を測る指標を競合他社と比較したリポートを
調べた。私が見つけたことは、この投資家が言っていたすべてと矛
盾していた。同社のブランド認知度は競合他社よりも高くなかった。
同社のブランド認知度はかなり低かった。私は同社について聞いた

ことがなかったし、データによればアメリカのほとんどの人々も同じだった。

　あの男がどのような調査を行ったのか、私には分からない。だが、調査が徹底したものではなかったことだけは分かる。

　自分はこの男とは違うと考えるべきではない。われわれは皆、株式を買う前に徹底的に調査しないという罪を犯している。

　どの企業が成功し、どの企業が失敗するのかを予想するためには、過去にどの企業が成功し、どの企業が失敗したのかを研究しなければならない。だが、破綻した企業のリポートを読んだことがある者はほんの少数にすぎないと言って間違いないだろう。人々は「このファストフード店は長期的に成功すると確信している」と言う。だが、彼らに「昨年倒産したファストフード店の年次報告書を読んだか」と聞いてみればよい。彼らは「ノーだ、私は投資を計画しているファストフード店の年次報告書しか読んでいない」と答えるだろう。しかし、彼らは自分たちのファストフード店が10億ドルテストを通過するかどうかを理解したつもりでいる。

　または、「私は半導体企業や最新のスタートアップ企業やバイオテック銘柄は理解していないかもしれない。でも、ブランドは理解している。だから、優れたブランドへの投資にこだわっている」と言う。そこで彼らに次のように質問してみればよい。「コカ・コーラのブランドがペプシより強い要因、マクドナルドのブランドがバーガーキングより強い要因は知っていますか」。これに対して彼らは「分からないが、ブランドを理解していることは分かっている」と答える。

　徹底的な調査をしていないのであれば、知り得る重要なことのすべてを理解していないことを自覚しなければならない。少なくとも

過去の年次報告書を読まずに、知り得る重要なことのすべてを知っていると思うべきではない。それらを研究していないのであれば、ブランディングや消費者行動などシンプルな問題さえ理解していると思うべきではない。私は真面目にそう考えている。前に説明したとおり、だれもが自分たちはコカ・コーラのような事業を理解していると考えている。事業について何の調査もしていないのに、だ。

あらゆる株式を買う前に、次のように言えるようにしたい。「この事業は徹底的に調査したので、基本的に知り得る重要なことでこれ以上学べることはない。この事業や業界に関するあらゆる本や年次報告書や記事は読んだので、『まだ知らない重要な情報はないと思う』と自信を持って言える。それ以外に、CEOがいつ亡くなるか、翌四半期の正確な利益率はどうなるか、同社は第3次世界大戦に巻き込まれるかどうか、といった事業に関連して知りたいと思うことのすべては完全に知り得ないものであり、これ以上事業の調査を続けることは私にとって時間の無駄になる」

簡潔に書けば、知り得る重要なことのすべてを理解していないなら、まだ調査は終わっていないということだ。まだ目にしていない重要な知り得る情報があることを知っているなら、それは企業の見通しに関する自らの考えを根本的に変え得る情報を無視していることになる。

バフェットは、マクロ経済について「２つの大きな質問」をした人物に次のように語った。

　　われわれは重要で知り得ることについて考えようとしている。さて、重要だが知り得ないことがある。われわれの考えでは、あなたの２つの質問はそのなかに入る。知り得るが重要ではな

図7.3　重要な知っていることのマトリックス

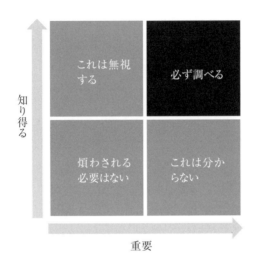

いことがある。われわれはそのような事柄にかかわりたいとは
思わない……つまり「重要なことは何か、知り得ることは何か」。
そして、この2つのカテゴリーに入る事柄のなかで、われわれ
がある種の行動に転換できるものは何か。

　平均的な投資家は重要でないが知り得ること、知り得ない重
要なことに焦点を当てる。桁外れの投資家たちは知り得る重要
なことにだけ集中する。

　重要なこととは、企業が現金を生み出す長期的な能力に影響
を及ぼすことだ。それ以外の何物でもない。1919年、コカ・
コーラ株は瓶詰め業者や砂糖の問題が原因で40ドルから19ド
ルまで下落した。しかし、これらの問題が重要だと結論してい
たら、19ドルが500万ドルになるのを見逃していただろう。

桁外れの投資家たちのように考える

THINK LIKE AN OUTLIER

第8章

第一原理に基づいて投資する

Invest on First Principles

　1972年、ウォーレン・バフェットとチャーリー・マンガーは70歳で事業を立ち上げた女性起業家に会い、同社の買収に関心を持った。

　この事業は市場で大きな競争優位を持っていた。具体的には、だれもが愛する強力なブランドがあった。同社のCEO（最高経営責任者）は取扱品目を100種ほどに維持するため、14の商品の販売を取りやめようとしたことがあった。顧客はどのように反応しただろうか。彼らは気づきもしなかっただろうか。まったくそうではなかった。顧客は商品をとても愛していたので、それらの商品の販売を続けるべきだと書いた手紙を同社に大量に送った。彼らは同社の商品なしでは生きられなかったのだ。

　同社の強力な競争優位や高い品質にもかかわらず、バフェットとマンガーは同社の買収をためらった。

　少し高すぎると思ったようだ。

　バフェットは当時、いわゆるシケモク戦略を実践していた。これは彼がベンジャミン・グレアムから学んだ戦略である。この戦略の神髄は極めて割安な銘柄を買うことにある。彼は、理想的には、割安すぎて正味固定資産の価額よりも安くなっている企業（清算価値

を下回る企業）を望んでいた。とても簡単な例として、企業が100万ドルの現金を有しており、現金が企業の唯一の資産であり、負債がないとしたら、バフェットは100万ドルを下回る価格でその企業を買収したいと思っているということだ。

1972年にバフェットとマンガーが買収を検討していた企業はそれほど割安ではなかった。買収にはおよそ2500万ドルかかったが、正味固定資産は800万ドルしかなかった。同社の正味固定資産は800万ドルだったので、理想を言えば、彼らはこの事業を800万ドル以下で買収したかっただろう。しかし、事業の所有者は2500万ドルを要求したので、彼らは買収にコストがかかりすぎると考えた。だが、価格が高いにもかかわらず、彼らは同社の品質の高さと収益性ゆえに、即座に取引をやめようとはしなかった。

投資をすべきかどうか分からなかったマンガーは、友人の石油エンジニアであるアイラ・マーシャルにどうすべきか尋ねた。マーシャルは買収すべきだとぶっきらぼうにマンガーに伝えた。

> 君たちはまったく考え違いをしている。これは素晴らしい企業で、君たちの考えはあまりに危なっかしい。こんな企業は多くない。君たちが有り金をはたくべきことはいくつかあるだろうが……クオリティーの問題を過少評価している。

マーシャルのアドバイスを聞いたあと、マンガーとバフェットは「彼の批判に耳を傾けた」。2人はマーシャルが正しくて、自分たちが間違っていると思った。そこで、彼らは「考えを変えた」。彼らは自分たちが理想とした価格にプレミアムを乗せた価格で同社を買収することにした。

　この企業——シーズ・キャンディーズ——は後にバークシャー・ハサウェイが最も成功した投資の１つであることが分かる。ビジネス・インサイダーによれば、シーズ・キャンディーズは1972年の買収以降、8000％を超えるリターンを上げている。バフェットは2019年のバークシャー・ハサウェイの株主総会で次のように語った。

　　われわれは2500万ドル投じたが、20億ドルを超える税引き前利
　　益をもたらした。20億ドルを優に超えているのだ。

　彼らがシーズ・キャンディーズで学んだ教訓は金銭的な利益以上に重要だった。シーズ・キャンディーズには少しばかり高い価格を支払ったが、それでも同社への投資が成功したことを目にした彼らは、より質の高い事業にプレミアムを支払うのは良い考えともなることを学んだ。その後、バフェットは自分の投資戦略を変えるようになり、100万ドルの現金を有する企業を100万ドルを下回る価格で買収するような質の低い企業を低い価格で買うのではなく、シーズ・キャンディーズのような質の高い企業を適正な価格で買うことに集中した。結局、この教訓がバフェットのコカ・コーラへの投資につながったが、これもとてもうまくいっている。バークシャー・ハサウェイの直近の年次報告書によれば、コカ・コーラにはおよそ12億9900万ドルを投資した。直近の年次報告書が発表された時点では、この投資は236億8400万ドルの価値を持ち、バークシャー・ハサウェイにとてつもない利益をもたらしている。

　多くの人々がこの話から得られる教訓は、質の高い事業であれば、少々高い価格を支払うのは良い考えとなるということだ。それは、表面的にはこの話の筋書きどおりだ。バフェットとマンガーはシー

ズ・キャンディーズに投資しようとは思っていなかった。ある者が登場し、彼らに事業の質を考えることの重要性を教えた。この2人の投資家は考えを改め、それが成功につながった。

しかし、この話には批判的思考に関するもっと深い教訓が含まれている。つまり、完璧に論理的な考えが大きな間違いともなるということだ。

マーシャルにアドバイスを求める前のバフェットやマンガーの立場に立ってみてほしい。当時、バフェットの投資戦略は、理想を言えば、1ドルを上回る価額で清算される企業を1ドルで買うことだった。彼はそれまでの投資キャリアの大半で、そのようにしてお金を稼いできた。ベンジャミン・グレアムが彼に教えたことだった。

さて、バフェットがシーズ・キャンディーズを清算価値を下回る価格で買収できないと分かったとき、シーズ・キャンディーズへの投資を取りやめるのは非合理だっただろうか。まったくそうではない。シーズ・キャンディーズの買収を取りやめることはバフェットにとって完璧に合理的だった。

第1に、過少評価されている企業、つまり割安な企業に投資することでお金を稼いでいるので、シーズ・キャンディーズのように割安ではない企業の買収をためらうのは合理的と思っただろう。

第2に、バフェットの投資履歴からすれば、彼はシーズ・キャンディーズの買収を非合理だと考えただろう。バフェットには、清算価値を大幅に下回る価格で取引されている企業を買って大きなリターンを稼いできたトラックレコードと、清算価値にプレミアムを乗せて買った企業ではそれほどお金を稼げなかったトラックレコードがあったので、彼は清算価値に対してプレミアムが付いた価格で取引されている企業を回避するのは良い考えだと学んでいた。したが

って、彼にはシーズ・キャンディーズを買わないことが完璧に合理的に思えただろう。

　問題は、彼の完璧に合理的な結論が完全に誤りだったことだ。後知恵にはなるが、シーズ・キャンディーズへの投資は極めて素晴らしいアイデアだった。8000％を超えるリターンをもたらす投資が悪いアイデアだなどとだれが言えようか。20億ドルを超える税引き前利益をもたらす事業を2500万ドルで買いたくない者などいない。

　この話が説明しているのは、完璧に合理的に思える自らの考えが完全な誤りともなるということだ。

　完璧に合理的だが、ひどく非合理なアイデアを識別し、捨て去ることができないことが投資の失敗の主たる原因となる。われわれはシーズ・キャンディーズでこのことを理解した。バフェットとマンガーがマーシャルにアドバイスを求めず、シーズ・キャンディーズを買収しなかったら、バークシャー・ハサウェイは数十億ドルもの利益を逃していた。

　レイ・ダリオにも同じことが言える。第3章で、投資家が犯す最大の誤りの1つを取り上げた。ダリオは不況が到来すると誤った予想をしたことを覚えているだろうか。ダリオは次のような理由から不況になると予想した。最近、メキシコが国債のデフォルトを起こし、その他多くの国々が同水準の負債を抱えていた。そこで彼はほかの国々もデフォルトに陥ると考えた。

　ダリオの推論は非合理だっただろうか。必ずしもそうではない。

　彼はメキシコが国債をデフォルトさせるのを目にした。彼は同様の信用格付けを持つ国々があることを知った。そのため、彼はそれらの国々もデフォルトする可能性が高いと結論した。ほとんどの人々がこの結論は完璧に合理的だと思った。そして、非常に賢明な人物

199

である彼にとっても、彼の話を聞いている投資家たちにとっても、間違いなく合理的だった。しかし、彼の推論が合理的だったとしても、彼は完全に間違えた。FRB（米連邦準備制度理事会）とIMF（国際通貨基金）は世界経済の安定を維持できた。そして、ダリオの評判は短期間のうちにガタ落ちになり、「彼はブリッジウオーターで築いたすべてを失った」。

　同じようなことが人生のあらゆる場面で起こる。われわれは完全に合理的に思えるが、完全に誤りである推論をすることが多い。

　例えば、アクティブ運用の投資信託は市場をアウトパフォームするだろうと、多くの人々が考える。要するに、手数料を支払っているのだから、追加的な価値を手にするはずなのだ。さらに、市場を積極的に研究している人物が、文字どおりほったらかしのファンドをアウトパフォームできないわけがない。そんなことはない。ただ概して、アクティブ運用のファンドはパッシブ運用のファンドをアウトパフォームできない。まえがきに記したとおり、プロの投資家の85％が過去10年にわたって、市場をアウトパフォームできていない。さらに、バフェットの研究に文字どおり人生を賭けている人々の多くもアンダーパフォームしているのは驚きだ。

　投資をするときに、後に誤りであることが判明する論理的な推論をしたいと思わないことは言うまでもない。そのようなことをすれば、ダリオやバークシャー・ハサウェイの場合と同じように、やがて悲惨な結果ともなりかねない。

　そこで登場するのが、明確に考える戦略だ。これは桁外れの投資家であるイーロン・マスクの戦略である。

第一原理を用いて考える

　大学2年生のとき、私は経験を積もうとマーケティングとファイナンスのインターンシップを探していた（投資に関する本を書いている者がどうしてマーケティングのインターンシップを求めるのか不思議に思う読者もいるかもしれない。私は当時、バフェットの投資スタイルを採用する企業で働きたかった。しかし、優れたパフォーマンスを上げ、憧れを抱けるような企業を見つけるのは難しかった。私にとってマーケティングはキャリアパスの代替案だった）。私は、申し込んだポジション、とりわけファイナンスのポジションでは目立つ候補であることは分かっていた。大学2年生までに、私はすでに投資に関する本を数冊書いていたので、それが採用担当者に強い印象を与えることは分かっていた。

　経歴書を作成するとき、私は細心の注意を払い、経歴書作成でのすべてのルールに従った。フォーマットはプロ仕様のものとした。すべての箇条書きは能動態の動詞から始めた。箇条書きは定量的な内容にした。そして、すべての箇条書きの最後に私が経験したことの「インパクト」を取り上げた。

　その後、数人に読んでもらった。彼らは私の経歴書は良いと言ってくれたので、私は主にファイナンスのインターンシップに応募し、面白そうなマーケティングのポジションも選んで申し込んだ。

　私は当初、素晴らしい企業でインターンシップを得るのは簡単だと思っていた。ある意味、私は自分に競争優位があることは分かっていた。本を書いたことがある、特にビジネスに関連する話題の本を書いたことがあると言える大学2年生など多くはなかった。もちろん、自分が資格過剰で、「その職にはあまりに優秀すぎた」など

201

と言うつもりはない。当時私が書いた本は投資初心者向けの入門レベルで、どのようなポジションでも資格過剰となることはなかった。しかし、私はそのような本を書いたことが投資やファイナンスに対する情熱を伝えてくれると思っていた。

　自分が注目を浴びる可能性は高いことは分かっていたので、私は年度初めにほんの数件のインターンシップに申し込んだ。それほど多くのポジションに申し込む必要はないとかなりの自信を持っていた。実際に、前年はそれでうまくいった。1年生のとき、私はせいぜい10〜15件のインターンシップにしか申し込まなかったが、あるプライベートエクイティ・ファームに何とか採用された。そこで私は自分にこう言い聞かせた。「インターンシップを得るのにたくさん申し込まなくていいだろう。結局、昨年もたくさん申し込むことはしなかった。今となれば、関連するインターンシップも経験しているし、ファイナンスの講義もさらにたくさんとった。経歴書も強力だ。だから、もっと簡単にインターンシップを得られるはずだ」

　経歴書の提出後、私は企業からの返答を1週間待った。返答はなかった。

　さらに1週間待った。それでも返答はなかった。

　1カ月待った。それでも返答はない。

　2カ月待ったが、やはり返答はなかった。

　その時点で、私はどの企業からも返答は得られないことが分かった（厳密に言えば、私が申し込んだ企業の1社から、何カ月もあとになって面接に呼ばれた。彼らはバフェットの投資哲学に強い関心を抱く者を明確に求めていた。私は本書と同じようにバフェットの投資哲学を取り上げた本を進んで書いていたので、そのポジションの有力な候補だと思っていた。しかし、結局は1回目の面接後、連

絡は一切なかった）。

　より多くの返答をもらうために、私は自分の間違いを反省することにした。まず、自分の経歴書を何回も見直した。改めて、能動態を使う、結果を定量化する、文法の間違いをなくすといった経歴書作成のベストプラクティスに従っていることを確認した。さらに、確実に自分にふさわしい仕事に申し込むようにした。

　そして、再び申し込みを始めた。私はより多くのポジション（100〜200件ほど）に申し込むことにした。より多くのポジションに申し込めば、確実にいくつかの面接にはたどり着けるだろう。また、それぞれのポジションの職務内容に経歴書を合わせるようにした。そうすることで、ポジションにふさわしい人物の経歴だと思われる可能性が高まると教えられたからだ。

　この時点で、私は多くの面接に呼ばれる可能性はかなり高いと思っていた。要は、うまくいかないはずはないではないか。それぞれのポジションに合わせた素晴らしい経歴書があり、本を書いたことで持続可能な競争優位を有していたのだから。

　しかし、結果は前回とほぼ同じだった。

　1週間待った。返答はなかった。

　さらに1週間待ったが、それでも返答はなかった。

　1カ月待った。それでも返答はなかった。

　さらに2カ月待った。やっといくつかの返答を得られたが、それはそれほど興味のないポジションだった（そのポジションも、最終面接後、不合格となった）。

　正直なところ、私は結果にがっかりした。たくさんの面接が受けられると思っていたが、かろうじて何社かに呼ばれただけだった。

　この時点で私は具体的に何をすべきか分からなかった。もっと多

くに申し込むこともできたが、時間の無駄に思えた。すでに実行していることをさらに繰り返しても、おそらく多くの返答は得られなかっただろう。また、私は自分の経歴書の何が間違いなのか分からなかった。

そこで私はしばらく申し込みをやめることにした。あちこちのインターンシップに申し込むこともできたが、私は別のことに集中した。つまり、大学で良い成績を収め、本を書き、インターンシップにふさわしいスキルを身に付けることだ。

しかし、私が休んでいたある日、大きなブレイクスルーがあった。

偶然にも、私は面白そうなYouTube（ユーチューブ）の動画を見つけた。タイトルは「ザ・ファースト・プリンシプルズ・メソッド・エクスプレインド・バイ・イーロン・マスク（The First Principles Method Explained by Elon Musk）」だった。タイトルが示しているように、マスクがファースト・プリンシプルズ・シンキングと呼ばれる問題解決のテクニックを説明する動画だった。彼はこのテクニックを用いて革新的かつ素晴らしい製品を開発している。

動画のなかで、彼は2つの考え方があると述べている。人々は類似性を用いて推論することも、第一原理を用いて推論することもできる。この2つを簡単に説明してみよう。

類似性を用いた推論とは、比較による推論とも言える。これは、「2つ以上の物事にはいくつかの点で類似性があるので、それ以外の点についても類似性があるだろうという考えに基づいた独特の考え方」だ。言い換えれば、2つの物事がある点で同じならば、別の点でも同じだと人々は考える。

類似性を用いた推論の例を1つ挙げる。「バフェットは強力な競

争優位を持つ企業を買い、市場をアウトパフォームしている。したがって、個人投資家は持続可能な競争優位を持つ企業を買えば、市場をアウトパフォームするだろう」。これが類似性を用いた推論の例だが、その理由は次のとおりである。

●バフェットと個人投資家の戦略の類似点を見いだしている（どちらも「持続可能な競争優位を持つ企業を買う」）
●バフェットと個人投資家は別の点でも同じに違いないと結論している（「だから、個人投資家もアウトパフォームするはずだ」）

　類似性を用いた推論の問題点は、誤った主張を支持してしまいかねないことだ。例えば、自動車が初めて作られたとき、多くの人々はそれが馬に置き換わるとは思わなかった。どうしてだろうか。彼らは、馬がたくさんいた時代を通してアメリカにはたくさんの牧草があったことを知っていた。そして、彼らは、牧草は向こう何年も変わらず存在し続けることに気づいた。言い換えれば、自動車が発明されても、1つの点で世界は同じままであることに彼らは気づいた。そこで、彼らは、世界は別の点でも変わらないと結論した。彼らは将来も引き続き馬が利用されると推論した。「牧草はまだそこら中にある。だから馬がいなくなるわけがない」。かつてマスクが馬を支持する者の主張を次のように取り上げた。

　こうは言えないだろう……「馬は素晴らしいし、われわれは馬に慣れ親しんでいる。至るところに牧草があるのだから、馬は草を食べることができる。そして、人々が買えるガソリンがないのだから、彼らは車を持たないだろう」。人々はそう言って

いた。

一方、第一原理を用いた推論は類似性を用いた推論とは正反対である。

これは、1つの状況をその原理に分解し、その原理から結論を引き出す。これを説明するために、1つ例を挙げる。

類似性を用いた推論に慣れた多くの人々は、電気自動車のバッテリーパックは1キロワット時当たり600ドルとあまりに高価すぎるとマスクに伝える。彼らがそう言う理由は合理的だった。バッテリーパックの費用はその登場以来、1キロワット時当たり600ドル以上しており、その価格は下がらなかった。そのため、人々は将来その費用が1キロワット時当たり600ドルを下回ることはないだろうと結論した。

だが、マスクはそれが誤りであることを証明した。彼は、基本的な真実として、バッテリーがコバルト、ニッケル、アルミニウム、カーボン、ポリマー、スチール缶からできていると言った（これらの原料がなければ、バッテリーは作れない）。そして、これらの材料を1キロワット時当たり600ドル以下でバッテリーの形に組み合わせる方法を見いだすことができれば、バッテリーの費用は1キロワット時当たり600ドルを下回るだろうと述べた。そのため、彼は、バッテリーを1キロワット時当たり600ドル以下で製造することは可能だと結論した。そして、彼はそれを実行した。

第一原理を用いた推論は、自らの論理展開を正しいものにする。

第3章で、持ち合わせているデータの正確さを超える正確な判断は下せないと述べた。つまり、事業が成功か失敗する理由についてたくさんの正確なデータがあれば、正確な予想ができる可能性ははるかに高くなる。

　同じコンセプトが第一原理を用いた推論にも当てはまる。自らの結論は、その根拠とした仮定と同程度にしか正しくない。基礎となる仮定が正しければ、結論も正しい可能性が高い。常に正しいとは限らないが、仮定が正しければ結論も正しくなる可能性ははるかに高くなる。

　これが第一原理を用いた推論が有効である理由だ。思い出してほしい。第一原理を用いた推論は、世界がどのように機能しているかについて基本的な、否定できない仮定から始まる。そして、それら正しい仮定を用いて結論を引き出すのだ。前の例に立ち返れば、第一原理を用いた推論では、「バッテリーパックはこれまで高価だったのだから、将来も高価だろう」とはしないだろう。過去に高価だったから将来も高価だろうというのは基本的に正しくない。つまり、それは正しい仮定ではない。そのため、その仮定に依拠していたら、間違った結論を引き出すことになっただろう。一方、第一原理を用いた推論であれば、次のような言い方になるだろう。「バッテリーはコバルト、ニッケル、アルミニウム、カーボン、ポリマー、そしてスチール缶でできている」。そして、「これらの材料をより安価な方法でバッテリーパックの形に組み合わせることができれば、バッテリーの費用を削減できる」。この発言はどちらも基本的に正しい。そのため、これらの発言を根拠に結論を引き出せば、正しい結論となる可能性は高いだろう。

　実際に、第一原理の考え方を用いて経歴書を書いたら、私の経歴書の質はまったく違うものになった。

　マスクが第一原理を用いた推論を説明する動画を見たあと、私は自分が経歴書を作成するときに類似性を用いて推論していたことに気づいた。

図8.1　類似性を用いた推論の例

類似性	結論
バフェットと個人投資家はどちらも持続可能な競争優位を持つ企業を買う	個人投資家は株式市場をアウトパフォームするだろう
初めて自動車が発明された1886年以前に世界にはたくさんの牧草があった。1886年以降も引き続き世界にはたくさんの牧草があるだろう	世界にはいまだ牧草があるのだから、1886年以降も馬は主たる輸送手段であり続ける
面接にたどり着いた経歴書の多くにはたくさんの数字が記されていた。私の経歴書にもたくさんの数字が記されている	私の経歴書は面接にたどり着くことができるだろう

　成功した申込者の多くが経歴書の内容のすべてを定量化していることを知っていたので、私は自分の経歴書もすべてを定量化すれば強力なものになるだろうと思った。

　成功した申込者の多くが能動態を用いていることを知っていたので、私は能動態を用いれば、自分の経歴書も良いものになるだろうと考えた。

　成功した申込者の多くが箇条書きで自分たちのインパクトを確実に強調していることを知っていたので、私は箇条書きで要点を伝えれば自分の経歴書も強力なものになるだろうと考えた。

　もちろん、たくさんの数字を使えば、経歴書はよりプロフェッショナルに見える。しかし、経歴書にたくさんの数字があれば面接にたどり着けるというのは、否定できない基本的な真実ではない。事

図8.2 第一原理を用いた推論の例

基本的な真実	結論
本源的価値を下回る価格で買った株式はアウトパフォームする	個人投資家がアウトパフォームするのは本源的価値を下回る価格で株式を買った場合だけだ
消費者はより質の高い製品を好む	消費者は馬よりも自動車を利用したがるだろう
印象的で会社の業務内容と関連がある経歴書で面接にたどり着くだろう	私の経歴書は印象的でも会社の業務内容と関連がないので面接にはたどり着けないだろう

実上、すべての候補が経歴書の内容のすべてを定量化している。しかし、彼らの多くは面接に呼ばれることはないだろう。

　箇条書きを用いて要点を強調すれば、経歴書はよりプロフェッショナルに見える。しかし、要点を強調していれば面接にたどり着く経歴書になるというのは、否定できない、基本的な真実ではない。ここでもまた、事実上すべての候補が自分たちの活動のインパクトを強調している。しかし、彼らはほぼ面接に呼ばれることはない。

　同じことが能動態の動詞を使うことについても言える。能動態は受動態よりも良く見える。しかし、経歴書で能動態を使えば面接にたどり着くというのは、否定できない基本的な真実ではない。そして、すべての者が面接にたどり着くわけではない。

　第一原理を用いる考え方の利点を知った私は、マスクの方法論を

209

用いて経歴書を作成した。私は経歴書の作成を第一原理に分解した。具体的には、基本的な真実として、経歴書で2つのことが達成できていれば、面接にたどり着くことに気づいた。

第1に、関連があると思われなければならない。ポジションに関係があるようには見えない経歴書は退けられるということは、事実上、否定できない真実だ。コンピューターサイエンスのポジションにファイナンス向けの経歴書を提出しても却下される。そのため、自分の経歴はその会社の業務内容と関連があると思われなければならないことを知った。

第2に、とても印象的でなければならなかった。私は、ほかの候補者たちよりもはるかに印象的な経歴書が面接にたどり着くと確信した。経歴書Aはとても印象的で、経歴書Bがそうではなかったとしたら、たいていは経歴書Aが経歴書Bを打ち負かすことが分かった。

これら2つの第一原理を備えた私は改めて経歴書を作成した。しかし、今回は「たくさんの数字を記し」、「インパクトを強調する」ような最適化をしなかった。むしろ、印象的でその会社の業務内容と関連があると思われるようにした。

例えば、本を書いて売り込みを行った経験は、さまざまなクラブで行った活動よりも印象的であることは分かっていた。そこで、私は極端な行動を取った。2つの例外を除いて、私は著書に関して行ったこと以外の経験は経歴書から除外した。私は、著書に関連して行った仕事は加入していたクラブで行った多くの活動よりも印象的なことは分かっていたのだから、関連があるかぎり、経歴書の中心にすべきだ。

もちろん、この変更は経歴書作成の主要なルールを破っていた。

一般的な経験則では、それぞれの経験を6〜10行で箇条書きすべき
だ。だが、私は著書に30行近く費やした。

さらに、数多くの経歴書作成のルールも破った。私は「私がした
こと」は「インパクト」よりも印象が強いと思ったので、「私のイ
ンパクト」ではなく、「私がしたこと」を強調したこともあった。
印象的とは思えない数字もあったので、経歴書に記載する統計数値
を減らした。箇条書きでは一人称を用いたが、これは人々が避ける
べきだとアドバイスすることである。

しかし、私は進んでルールを破った。私の第一原理の論理に従え
ば、関連がある、印象的な経歴書は、申込者を面接に導く可能性が
とても高い。そのため、私はたとえ経歴書作成のルールをあからさ
まに破っていたとしても、経歴書がより関連があって、印象的にな
っているかぎり、素晴らしい変更をしていることは分かっていた。

結局、この変更は大きな違いを生み出した。

経歴書を変更したことで、私は大企業でのマーケティングのイン
ターンシップの面接に呼ばれた。私は自分にこう語りかけた。「素
晴らしい。印象的で企業の業務内容と関連がある経歴書を書いたこ
とで、書類審査の段階は通過した。さぁ、人事部の一次面接でも印
象的でその企業の業務内容と関連があると思われなければならない」

そして、私はそれを実行した。私は過去の著書のマーケティング
に関連した最も印象的な成果について語った。例えば、『バフェッ
ツ・ツーステップ・ストック・マーケット・ストラテジー（Buffett's
2-Step Stock Market Strategy）』が上場企業の評価方法に関する書
籍のなかでは、少なくとも1年間はアメリカとカナダで最も売れた
本の1つだったことに言及した。私は、当時1500万件のインプレッ
ションを集めた広告キャンペーンをどのように展開したかについて

語った。私は、10年以上の実務経験を持つ者も何人かいたプロの編集者チームをどのように管理したかについて語った。

これがある程度うまくいった。採用担当者は私の経験に強い関心を抱いた。しかし、ほれ込みすぎた。彼女は私に返答の電話をかけてきて、次のように言った。「あなたはインターンシップのポジションには少しばかり資格過剰だと思いました。キャリアの観点からもあなたがインターンレベルのポジションを受け入れるのは合理的ではないと思います。でも、あなたに適任のもっと高いレベルのポジションが空いたら、お知らせします」。私はポジションを手に入れられなかったが、その結果に動揺もしなかった。

別のケースでは、ブティックのコンサルティング会社でコンサルタントのインターンシップの面接を受けた。面接官は面接時に初めて私の経歴書を読んだ。彼は最初の箇条書きを読み、「すごい、本を書いたんだね」と言った。2つ目の箇条書きを読み、「どうやってそれほどたくさんの本を売ったの」と言った。3つ目の箇条書きを読み、こう言った（冗談めかして言ったのだと私は思っている）。「君はビッグスリーの経営コンサルティング会社のコンサルタントが作った本のマーケティング戦略は失敗する運命にあることを証明した。君はこのポジションの最有力候補に違いないよ」

面接が終わりを迎えるころ、彼が私に夢中になるあまり、私の「印象的に思われる」戦略が裏目に出そうになった。彼は「だれかとかかわり合いを持ちたくない場合は、人は最初にそれとなくほかの可能性を聞くものだと私は常に思ってきた」と言った。さらにこう尋ねた。「この仕事を希望しますか。君が執筆で行ってきたことはとても素晴らしいのだから、どうして作家にならないのか」。これに応えて、私は彼に正直に話した。「私の本には持続可能な競争優位

はありません。だから、現時点で執筆業を追及するのは賢い考えで
はないと思います。さらに、私は職業として満足できるほど執筆で
お金を稼いでいません」

　この答えに彼は私がポジションの優れた候補であることを確信し
た。数週間後、私は人事部から連絡を受け、すべての面接官が「感
銘を受けた」こと、そして内定されたことを告げられた。しかし、
その申し出は来年の夏のポジションであって、今年の夏のポジショ
ンではなかった。私は今年の夏のインターンシップを希望していた
ので、その後もポジションを探し続けた。

　後に、私はビッグスリーの経営コンサルティング会社が、同社の
出版部門で働くマーケティングのインターンを探していることを知
った。

　私は自分がそのポジションの完璧な候補だろうと思った。彼らは
マーケティングと執筆と出版に情熱を抱く人物を探しており、それ
もビジネスの分野の出版に関するものだった。おそらく私は過去に
ビジネス本を書いたことがある唯一の候補（そして、その部門でも
自分の名前で出版したビジネス本がベストセラーとなった数少ない
人物の１人）だった。前述のとおり、私にはペンギン・ランダム・
ハウスのような大手出版社で働いていた出版業界のベテランを率い
た経験があった。そして、自分の本を売り込むべく、少しばかり大
きな広告キャンペーンを展開した経験があった。出版のインターン
シップでこのような経験を好まない採用担当者などいないだろう。

　しかし、私は推薦状がなければそのポジションは手に入らないこ
とは分かっていた。私が申し込んでいた企業は選り好みが激しく、
基本的にアイビーリーグの成績上位の学生しか採用しないと評判だ
った。

そこで、私は社内の人物と情報交換することにした。私は自分の大学の卒業生で、同社で働いているとてもフレンドリーな何人かの人物——ラフィ・Sとキンバレー・B——に接触して、適切な人物に連絡を取る手助けをしてもらった。そして、数十人の人物にコールドメールを送った。ある時点で、私は著書のマーケティング用の予算の一部を流用して、同社の出版部門の全員をターゲットとしたリンクドイン上の広告キャンペーンを展開した。

最終的に、私は同社の出版部門の責任者であるヘザー・Hに連絡を取り、彼女とのネットワーキングのための電話の予定を組むことができた。

ここで改めて、第一原理に立ち返った。私が関連があって、印象的だと思われれば、魅力的な候補となるのは基本的に正しいことは分かっていた。そして、ネットワーキングのための電話で、私は最も印象的な執筆の経験について多くを語り、また彼女の執筆経験について数多くの印象的な質問をするよう努めた。

これがある程度うまくいった。

最終的に彼女は私をインターンシップに推薦してくれた。

しかし、私は彼女との会話で、インターンは執筆の仕事ができないことを学んだ。彼女のチームでは、著者として働くためには10年間の執筆経験と理想的にはジャーナリズムの修士号が求められたが、私はファイナンスとマーケティングの学士号を追いかける大学2年生にすぎなかった。インターンに期待されていたのは、ウェブサイトの検索エンジンの最適化を行うことだけだった。

しかし、情報交換をしたマネジャーは、本を書くことに情熱を抱く私を気に入ったようだった。電話でのやり取りが終わりを迎えるころ、彼女は、私がSEO（検索エンジンの最適化）で良い仕事をし、

監修者をつけることを受け入れるならば、自身のチーム内で執筆の仕事を与えると言った。本質的に、私は第一原理の考え方を用いて競争の厳しいインターンシップの推薦を受けるだけでなく、10年の実務経験と私がいまだ講義すら取ったことのない学位を必要とするポジションで私が働くことをだれかに認めさせようとしたのだ。

しかし、最終的に、強力な推薦とベストセラーの著書という実績がありながらも、執筆のインターンシップの面接にはたどり着けなかった。夏になるまでに、私は自分がもう少し上位のポジションの有力候補であることをいくつかの企業に納得させたが、皮肉にもその年の夏のインターンに私を求める企業はなかった。夏のインターンシップがなかったので、私は夏の間、あるプロジェクトに情熱を燃やすことにした。本書の執筆である。

第一原理を投資に当てはめる

歴史に目を向ければ、最も不正確な投資予想のいくつかは投資家が類似性を用いて推論していることが原因となっていることに気づくだろう。

例として、ジョン・アンティオコを取り上げてみよう。

1997年、アンティオコは仕事を探していた。ベテランのビジネスマンである彼はCEOとなるべくさまざまな企業に申し込んでいた。

特に彼は、成功する可能性が高い企業のCEOになることを望んでいた。ほとんどのCEOと同じように、その企業が成功すると思わないならば、その企業で職を得るのは間違いであることを彼は分かっていた。業績の振るわない企業に入社したら、人々は企業が振るわないことで彼を非難しただろうし、実質的に彼の将来の就職の

見通しも台無しにしただろう。

　じっくりと調査したあと、彼は多くの理由から大きな可能性があると思える企業に出合った。彼は「そのブランドが気に入った」。同社はニッチ市場で最大のプレーヤーだったが、これは同社の競争力が高いことを示していた。同時に、同社はたった25％の市場シェアしか持っていなかった。つまり、市場の75％を手にしておらず、これは企業が成長する大きな可能性があることを意味した。さらに、同社には「簡単に解決」できる小さな問題がいくつかあり、問題を解決すれば株主利益をあっという間に増大させることができた。

　同社の可能性を認識したアンティオコはCEOになるべく申し込むことにし、その職を手にした。

　予想どおり、同社は成功した。例えば、入社後、アンティオコは企業が1つの問題を抱えていることを知った。同社の在庫費用は単位当たり65ドルと高すぎて、需要を満たすために十分な在庫を抱えることができなかった。そこで、在庫費用を削減するために、アンティオコは納入業者と収益分配契約を結んだ。この契約で、同社は単位当たり1ドルを支払いさえすればよかったが、その見返りに納入業者に収益の40％を分け与えなければならなかった。売上高の40％を分配しなければならなかったが、同社は単位当たり65ドルではなく1ドルでより多くの在庫を抱えられたので、消費者の需要の大部分を満たすことができた。納入業者との新たな契約のために、同社の収益は1999年の44億ドルから2003年には59億ドルまで増大した。

　アンティオコの成功を考えれば、多くのことがうまくいっていたことに疑いはなかった。

　うまくいかなくなるまでは。

　本章でまだ伝えていないことがある。アンティオコはどこにでも

ある企業のCEOではなかった。彼は、やがて破綻するブロックバスターのCEOになった。入社の数年後、アンティオコは、より良いビジネスモデルを構築したネットフリックスからの激しい競争圧力に直面した。ネットフリックスは利用者にビデオを郵送で届けていたが、ブロックバスターは主に店舗戦略に頼っていたので、ネットフリックスは最終消費者により接近できた。結果として、ネットフリックスはあっという間にブロックバスターから市場シェアを奪い、ブロックバスターの売り上げは減少した。

　状況があまりに悲惨になったので、アンティオコ自身がブロックバスターを信用しなくなった。2007年に同社を去ったあと、アンティオコは保有するブロックバスターの全株を売却し、ネットフリックスを1株20ドルで取得した。これは彼が「ネットフリックスはオンラインDVDレンタルの市場全体を手にすると思った」からだ。

　ブロックバスターで興味深いのは、同社のCEOが企業の将来について信じられないほどに間違っていたことだ。1997年にアンティオコがブロックバスターに入社したとき、彼は同社には市場シェアを拡大し、優位性を獲得できる大きな「チャンス」があると考えていた。彼は、批評家たちが考えていたようにテクノロジーがあっという間にブロックバスターを脅かすようになるとは思っていなかった。だが、正反対のことが起こった。最終的に、アンティオコが入社して10年ほどの経過後、ブロックバスターは破産を宣告した。

　アンティオコがブロックバスターの長期的な競争力を見誤ったかもしれない理由はたくさんある。

　1つの理由として、アンティオコは短期的にしか考えていなかった可能性がある。アンティオコは過去に短期的な事業再生に取り組んできたので、十分に考えられることだ。例えば、ブロックバスタ

ーに入社する前、アンティオコは8カ月だけタコベルのCEOを務めたが、同社での彼の役割は減少が続いている売り上げを回復させることだった。タコベルに入社する前はサークルKで5年間、幹部だったが、これもかなり短い期間である。さらに、サークルKでの彼の目的は長期的な戦略を構築することではなかった。むしろ、同社をいち早く破綻状態から抜け出させる方法を見いだすことが目的で、彼は任期の最後に同社を売却することでこれを見事にやってのけた。したがって、アンティオコは過去に短期間しか企業にとどまっていなかった。だから、ブロックバスターに申し込んだとき、彼は同社の短期的な見通ししか考えていなかった可能性がある。

アンティオコの誤算の原因としてもう1つあるのが、単に将来を予想するのは難しいということだ。業界が大きな変化の最中にあると、その将来を予想するのが難しくなるのは分かる。コカ・コーラとメタのどちらが予想しやすいかを判断しなければならなかったとしたら、コカ・コーラのほうが予想しやすいと考えるのはほぼ間違いない。なぜだろうか。コカ・コーラの事業は年ごとに大きく変化することはないので、業績が変動する可能性は低い。一方、ブロックバスターの業界は、競合他社が新しいテクノロジーをフル活用して、まったく新しいビジネスモデルを試みていたので、結果の幅はかなり広かった。そのため、アンティオコを含むだれにとっても、ブロックバスターの将来を予想するのは難しかった。

しかし、アンティオコがブロックバスターの将来を見誤ったさらに深い理由があると私は主張したい。私は、アンティオコが第一原理を用いて推論していれば、ブロックバスターに関する彼の予想はもっと正確だっただろうと考えている。

第一原理を用いる投資家やCEOであれば、「A、B、Cという特

徴を有する事業が最も成功することは基本的な真実だ」と述べただ
ろう。例えば、彼らは次に挙げることのいくつかは、消費者行動の
基本的な真実だと気づいていたかもしれない。

●消費者は品質が同じならばより安い商品を好む
●消費者は購入がより簡単な企業と取引したがる
●消費者は選択肢があることを好む
●消費者は強力なブランドがある企業に引きつけられる（その企業
　が競争力のある製品を有していると仮定する）
●消費者はとりわけ優れた顧客体験を好む

　そして、第一原理を用いる投資家は、これらの原理を用いてどの
事業が成功するかを予想しただろう。彼らは次のように考えるだろ
う。「最も安い価格を付けられるのはだれか。消費者にとってブロ
ックバスターは買い物が最も簡単な企業だろうか。ブロックバスタ
ーはネットフリックスのような新興企業よりも優れた顧客体験を提
供できるだろうか」。第一原理を用いる投資家が安心してブロック
バスターの将来を予想するのはこれらの疑問への答えが出たあとだ。
　しかし、一般に入手可能な情報に頼っていたアンティオコはブロ
ックバスターを分析するときに、第一原理の方法論に従わなかった。
　彼がブロックバスターに入社した理由を振り返ってみよう。
　アンティオコがブロックバスターに入社した理由が、市場シェア
を拡大する大きな可能性があったことだ。彼に言わせると、「ブロ
ックバスターはレンタルビデオ業界で圧倒的な規模を誇っていたが、
市場シェアはたった25％だった。私にしてみれば、これはチャンス
だった」。

　表面上、アンティオコの主張は完璧に合理的に思える。市場の75％を押さえていないということは、競合他社から奪い取れる市場シェアがたくさんあるということだ。したがって、売上高を増大させるチャンスがたくさんあり、成功する可能性が高まる。

　しかし、注目すべきはアンティオコが第一原理ではなく、類似性を用いて推論していたことだ。

　多くの人々がアンティオコと同じように、アマゾンやアップルやコカ・コーラなどとりわけ成功している企業が大きな市場機会を追い求めていたことに気づいている。アマゾンは小売業界全体を破壊したが、これはウォルマートやターゲットといった競合他社が含まれるほど大きな業界だ。アップルはいまや10億人を超える消費者が所有する製品を生み出した。コカ・コーラが開拓した市場はあまりに大きく、同社は毎日８オンス（240ミリリットル）のコーラを10億本以上販売できる。

　人々は、成功している企業の多くが大きな市場を追い求めたことを知っているので、より大きな市場を追いかけるベンチャー企業ほど成功すると考える傾向がある。言い換えれば、彼らは次のようなことを言っているわけだ。「成功している企業の多くが大きな市場機会を追及していたので、われわれは潜在的な市場が大きい事業機会を追及すべきだ」

　もちろん、企業はより大きな市場機会を追及すれば成功するというのは基本的な真実ではないことをわれわれは知っている。その反例はたくさん存在する。

　ドットコム企業について考えてみればよい。ドットコムバブルに踊った企業のすべてが大きな市場機会を追い求めていた。これは、彼らに大きな成長の可能性があったということだろうか。そうでは

ない。彼らは持続的に消費者により優れた製品を提供することができなかった。

　反対に、市場が小さいというだけで、ある製品が売れないというのも基本的な真実ではない。

　テスラについて考えてみればよい。2010年代初頭、電気自動車の市場は大きくなかった。国際エネルギー機関によれば、2011年にアメリカで登録された電気自動車はたった2万台だった。そのため、多くの人々が次のように言った。「テスラを立ち上げるなんてマスクは賢くない。仮に成功しても、市場は小さいから、マスクは多くの車を売れないだろう。そのうえ、大部分の消費者はガソリン車に乗り続けることを選ぶだろうから、将来、市場はそれほど大きくならないだろう」。後知恵ではあるが、このような人々はもちろん間違っていた。今日までに、テスラは190万台を超える電気自動車を販売している。

　当時、人々がテスラについて間違えたのは、彼らが第一原理を用いて推論していなかったからだ。前述のとおり、人々は次のように言った。「市場規模がたった2万台で、多くの消費者が電気自動車に殺到していないのだから、テスラが電気自動車を50万台以上販売するのは不可能だ。したがって、将来、市場はそれほど大きくならないだろう」。しかし、いまやわれわれはこれが基本的に正しい主張でないことが分かる。テスラの売上高という証拠が目の前に存在する。消費者は代替的な製品よりも多くの喜びをもたらしてくれる製品を好むというのが基本的な真実だ。テスラが、人々がガソリン車よりも好むような自動車を作れれば、彼らはテスラを買うだろう。それができなければ、彼らは買わないだろう。そのため、市場規模がたった2万台で、2010年代初頭には市場が販売台数で見てそれほ

ど劇的に増大していなかったとしても、テスラの売上高には問題とならなかった。消費者が同社の製品をどれくらい気に入るかが重要だった。市場規模が2万台だったとしても、消費者がガソリン車よりも好む自動車をテスラが生み出せば、マスクは2万台をはるかに超える自動車を販売しただろう。そして、まさにそれが現実となった。

　そのため、2010年にテスラの将来を予想しようとしているとしたら、考えるべき問題は「市場規模と成長率はどれほどか」ではなかった。その疑問はテスラの将来に関する正確な推論につながらなかった。なぜなら、計算上、テスラは失敗する運命にあるという結論にしかたどり着かないからだ。人々は優れた製品を買うという基本的な真実を認識したかった。そして、次のように考えたかった。「将来、テスラの製品の質はどうなるだろうか。競合他社の製品と比べてどうなるだろうか。テスラがそのような製品を開発するのにどのくらいの時間がかかるだろうか」。将来のテスラの製品の質について考えることが、2010年にテスラの将来を予想する最良の方法だっただろう。なぜなら、基本的に売上高を決めるのは製品の質であって、市場規模ではないからだ。

　同じコンセプトがブロックバスターにも当てはまる。ブロックバスターを分析するとき、第一原理を用いる投資家はこう言った。「市場が大きいというだけの理由で事業が成功するというのは基本的な真実ではない。むしろ、消費者が好むサービスが十分に市場に浸透すれば、事業は成功するというのが基本的な真実だ」。アンティオコがこう考えていたら、彼はブロックバスターが長期的に成功する可能性は低いことに気づいただろう。彼は、競合他社はブロックバスターよりも革新的であり、長期的にはより良いサービスを開発し、

ブロックバスターを打ち負かすことができると考えただろう。さらに、彼は、市場機会は大きいが、基本的にそれが企業の売上高を決めるのではないのだから、ある意味無関係だという事実に気づいただろう。

　類似性を用いた推論は、アマゾンの初期のアナリストたちが素晴らしい投資機会を見逃した要因ともなった。

　彼らは、ドットコムバブルの時期に多くのハイテク銘柄が破綻したことを知っていた。そのため、彼らはアマゾンもハイテク銘柄なのだから、破綻する可能性が高いと結論した。もちろん、ドットコムバブルの時期に多くのハイテク銘柄が破綻したことは事実だ。しかし、ハイテク企業だから事業は失敗するというのは基本的な真実ではない。

　彼らは、既存の一流企業に正面から競争しようとした多くの企業が破綻していることに気づいた。そこで、彼らは、アマゾンはウォルマートのような企業を相手に競争しているので、リスクが高すぎると言った。もちろん、既存企業を相手に競争するのは容易ではない。しかし、競合他社が大手企業ならば企業は破綻するというのは基本的な真実ではない。基本的に、企業が破綻するのは競合他社よりも競争力がないからで、競合他社に競争力があるからではない。競合他社に競争力があると企業は破綻するという論理は、どのような業界にも当てはまらない。その場合、競争の厳しい業界のすべての企業——アップル、フェイスブック、グーグル、ガイコ、シーズ・キャンディーズ、エクソンモービル、ゴールドマン・サックス、ペプシ——は破綻すると主張することになりかねない。

　初期のアマゾンのアナリストたちは、過去に安定したキャッシュフローを生み出している企業の多くが安全であることを知っていた。

そこで、彼らは、アマゾンは安定的にキャッシュフローを生み出していなかったので、同社の事業は安全ではないと結論した。もちろん、長きにわたって安定した利益を生み出していることは、企業の安全性の指標となる。しかし、第1章で議論したとおり、キャッシュフローが安定していない事業は安全ではないというのは基本的な真実でなく、またキャッシュフローが安定していれば、事業は安全だというのも基本的な真実ではない。その論理に従うと、すべての石油会社が安定したキャッシュフローを生み出していないので、石油会社の多くは投機的だと主張することになりかねない。実際に、「アマゾンは安定したキャッシュフローを生み出していないのでリスクが高い」と言った人々の多くが石油会社やその他のコモディティ企業の株式を保有していたことは確実だろう。

　類似性を用いた推論は、それらのアナリストたちが、私が類似性の過大視と呼ぶ認知バイアスにとらわれる原因となった。

　通常、人々は長所と短所、またはリスクとリワードを秤にかけて判断することを好む。例えば、プロの投資家の多くが財務モデルを構築し、物事が順調に進んだ場合の株価、そして物事がうまくいかない場合の株価を予想しようとする。そして、彼らは株価が上昇する可能性が下落する可能性よりも大きいかどうかに基づいて投資を決断する。同様に、個人投資家の多くが企業に投資する前に、投資の長所と短所を書き出そうとする。

　長所と短所を秤にかけることが優れた判断を下す良い方法となる場合もある。しかし、企業の将来を予想しようとしている場合、長所と短所を秤にかけることが必ずしも最良のアイデアであるとは限らない。

　ほとんどの人々が長所と短所を比べる場合、通常彼らは類似性を

用いた推論から引き出した要素を秤にかけている。

　例えば、アマゾンの初期のアナリストたちは、アマゾンがハイテク企業であることが短所だと考えたが、ハイテク企業が悪であるというのは基本的な真実ではない。

　彼らは、アマゾンが大企業を相手に競争していることが大きな短所だと考えていたが、競合他社が大手企業だと企業が破綻するというのは基本的な真実ではない。

　彼らは、アマゾンが安定したキャッシュフロー生み出していないことが短所だと考えたが、キャッシュフローが安定しない企業は悪だというのは基本的な真実ではない。

　そして、アナリストたちはこれらすべての数多くある短所を数少ない長所と比較した。そして、彼らはアマゾンの事業はひどいに違いないと結論した。

　さて、この方法論は合理的に思えたかもしれないが、まったくそうではなかった。

　結局、それらの短所はまったく重要ではなかった。アマゾンは厳しい競争に直面したが、彼らはより良いサービスを生み出した。彼らはハイテク企業だったが、その他のハイテク企業が直面した逆境を乗り越えた。そして、当初キャッシュフローは安定しなかったが、彼らは巨額のキャッシュフローを生み出すようになった。

　それらの短所が重要ではなかった理由は、それが第一原理に基づいたものではなかったことにある。アナリストたちが第一原理に注目していたら、彼らは顧客体験など企業の成功にとって間違いなく重要な要素に焦点を当てただろう。その場合、彼らがアマゾンを正しく理解できた可能性は高かった。

　実際に、それこそがジェフ・ベゾスが行ったことだ。すべての短

所にもかかわらず、ジェフ・ベゾスはアマゾンが成功する「可能性は十分にある」と考えていた。彼がそう思った理由はシンプルだ。彼は第一原理に目を向けた。多くの投資家がアマゾンはハイテク企業であり、破綻する運命にあると言っただろう1999年、彼は、顧客のためにはるかに優れたサービスを生み出す企業はどれほどの向かい風が吹こうが成功するというのが否定できない真実だと認識していた。

> 品ぞろえ、使いやすさ、低価格、購入を決定するためのより多くの情報など顧客体験に執拗なまでに集中できれば、そして、それらすべてを顧客に提供できれば、成功する可能性は十分にあると思う。

しかし、投資の世界では、投資家はめったに第一原理に基づいて投資しないことが分かる。

つい最近、ある投資家が私に自分の投資哲学を教えてくれた。

全体として彼の投資哲学はある程度私にも理解できた。バフェットと同じように、彼は強力な競争優位を持つ銘柄を買おうとしていた。多くの投資家が推奨するとおり、彼も「皆が恐怖を抱いているときこそ強欲であれ」という考えを持っていた。そのうえ、ルー・シンプソンやモニッシュ・パブライのように、彼はリターンを最大化するために分散を最小限にとどめることを好んだ。ここまでのところ、彼の投資哲学は私にも理解できた。

しかし、彼が経営陣をどのように評価するかを説明し始めるとすべてが変わってしまった。経営陣を評価するとき、彼は「自社株買いをし、配当を増やし、ESG（環境・社会・ガバナンス）に取り組

む」経営陣を探そうとしていると述べた。

だが、経営陣を評価するこの方法は私にはほとんど理解できなかった。

もちろん、経営陣が自社株買いをし、配当を支払っていることが分かればうれしい。そして、経営陣が環境、社会、そしてガバナンスへの取り組みを講じているのは間違いなく良いことだ。

しかし、自社株買いをし、配当を支払い、ESGへの取り組みを実践しているならば、素晴らしい経営陣だというのは基本的な真実ではない。

ベゾスは1999年に大量の自社株買いをしていただろうか。自社株買いはしていない。当時、アマゾンが自社株買いに費やした資金はゼロだ。しかし、ベゾスは素晴らしい経営者だった。

1997年にスティーブ・ジョブズがアップルのCEOに復帰したとき、彼はESGの取り組みに注目していただろうか。まったくそのようなことはなかった。だからといって、彼はひどい経営者だっただろうか。iPhoneを生み出した人物はひどい経営者だと主張したいのでなければ違うだろう。

もしくは、私が第4章「年次報告書の問題点」で取り上げたザ・レストランについて考えてみればよい。同社の経営陣はある年は自社株買いに何億ドルも費やし、またある年には配当に何千万ドルも費やしていた。そのうえ、彼らはESGの取り組みを数多く実践していた。しかし、彼らは優れた経営陣だっただろうか。もちろん、そうではなかった。彼らは同社の長期的な売り上げとブランド力を台無しにしてしまった。長期的に売り上げを台無しにしたのはザ・レストランの競合他社ではなかった。経営陣の行動がそうしたのだ。

多くの投資家が基本的な真実ではない考えに基づいて経営陣を評

価している。数え切れないほどの人々が「適度な報酬をもらい、EBITDAなどの言葉は用いず、優秀な取締役たちがいれば」、優れた経営陣だと言う（EBITDA［利払い税引き前減価償却償却前利益］はウォール街のアナリストが用いる一般的な指標。バフェットやマンガーなどの投資家は、EBITDAを利益指標として用いる経営陣を警戒していると言われることが多い。要するに、これは収益性が過大に見えてしまう指標で、企業の収益性を実際よりも良く見せるために用いる経営陣もいる）。しかし、そのような主張が基本的な真実ではないことを示す証拠がたくさん存在する。

　ロン・ジョンソンを覚えているだろうか。JCペニーを破壊した人物である。彼にはちゃんとした役員会がついていたと思う。企業再生で素晴らしいトラックレコードを持つアクティビストのビル・アックマンもその1人だった。ジョンソンの報酬も適切なものだった。アックマンはかつてのインタビューで、ジョンソンを採用するという判断を支持した理由は、彼の報酬体系が株主の利害と直結していたことだと述べた。また、ジョンソンはほぼEBITDAという言葉を使わなかった。例えば、JCペニーの2012年第4四半期の決算説明会で、ジョンソンはEBITDAという言葉を1回も使わなかった。しかし、それゆえに彼は優れた経営者だったのだろうか。そうではない。彼の再生戦略は同社の売り上げを台無しにしてしまった。

　経営陣を適切に評価するためには、基本的に真実であることから始めたいところだ。そして、それを推論の起点としたい。

　経営陣が正直かつ倫理的・道徳的に行動しながら株主価値を最大化させているとしたら、この経営陣が優れていることにはだれもが同意すると思う。これは常に基本的に真実であると私は思う。経営

陣が倫理的な方法で株主価値を最大化しているのに、彼らは優秀ではないと主張する者は1人もいない（企業財務の分野で普及しつつある考えが利害関係者の価値だ。企業の自己資本の価値を表す株主価値とは異なり、利害関係者の価値は、納入業者、顧客、従業員など企業のすべての利害関係者にとっての価値を意味する。経営陣の仕事は株主価値を最大化することではないと言う人々もいる。彼らは、経営陣の仕事は利害関係者の価値を最大化することだと言う。私は多くの人々と同じように、長期的な利害関係者の価値が最大化されなければ、長期的な株主価値は最大化されないと考えている。そのため、株主価値を最大化するという考えは、利害関係者の価値を最大化するという考えとは対立しない）。

　基本的な真実——経営陣が正直に行動しながら株主価値を最大化させているならば、その経営陣は優秀だという真実——から始めれば、経営陣をより繊細かつ正確な方法で評価できる。

　次の個人的な例について考えてみてほしい。私が第一原理を用いる考え方を理解する前に、マスクは優れたCEOかどうかと尋ねられたら、私はこう言っていただろう。「あぁ、彼はいい人だ。要するに、彼は事業に情熱を持っている。彼が世界中のCEOの95％よりも賢いことは明らかだ。そして、彼は売り上げを伸ばしている」。率直に言って、多くの人々はCEOをこのように評価するだろう。彼らはこう考える。「このCEOは企業経営に情熱を抱いているだろうか。彼らはほかのCEOたちよりも賢いだろうか。彼らは企業の財務諸表を間違いなく健全なものにしているだろうか」

　しかし、私は第一原理の観点から考えるようになってから、異なる考え方をするようになった。私は次のように言った。「優れたCEOが事業の長期的な価値を最大化するのは基本的な真実だ。コ

カ・コーラの場合、ブランドを長期にわたって確実に強化すること
が含まれる。しかし、同じことがテスラには当てはまらないことは
分かっている。テスラはマーケティングやブランディング戦略で成
功しているのではないとマスクが何回も語っているのを知っている
（私は先日、彼がテスラのPR部門は重要だと思わないので、これ
を全廃したと伝える記事を読んだばかりだ）。PRやブランディング
に注力するのではなく、マスクはとりわけ革新的な業界において最
終的に勝利を収めるのは製品の質だと考えている。そのため、彼が
優秀なCEOかどうかを評価するためには、優れた製品を作る彼の
能力に焦点を当てるべきだ。それこそがマスクの事業にとっては重
要だ」

　「さて、今日テスラには素晴らしい製品があることに疑問の余地
はない。顧客たちと話をすれば、彼らはほかのどんな車よりも気に
入っていると言うだろう。しかし、マスクが優秀なCEOかどうか
をよく理解するためには、テスラが将来も素晴らしい製品を提供し
続けられるかどうかを知る必要がある。カギとなる疑問は、彼らが
競合他社の先を行くかどうかだ」

　「私は以前、テスラのチーフデザイナーが同社の文化について説
明している映像を見たことを覚えているが、私はマスクがテスラで
ユニークな文化を育んだことを学んだ。すべての上級幹部は、革新
的な製品を生み出すにあたり、第一原理を用いて推論するよう求め
られる。言い換えれば、テスラの主要な従業員は皆、革新的な製品
を生み出すために、マスクが用いているのと同じ枠組みで訓練され
る。つまり、テスラは本質的に、革新的な製品を生み出す方法につ
いて明確に訓練を受けた人々で満たされているのだ」

　そして、私はひらめいた。

　マスクを優れたCEOにしているのは、ただ優れた製品を生み出せることだけはない。彼が自らの事業に情熱を持っていることだけではない。さらには、彼が賢いことだけではない。むしろ、彼が、従業員たちが批判的な思考を持ち、独自に革新的な製品を開発することを可能にする企業文化を築けたことである。

　私の考えでは、テスラはその文化がなければ無価値だ。少し考えてみてほしい。もしテスラの従業員が独自に革新的な製品を開発する方法を知らなかったら、どうなっていたか想像してみてほしい。その場合、マスクは、彼らが自分たちの仕事を適切にこなすように絶えず彼らを詳細に至るまで管理する必要があっただろう。もちろん、それは不可能だ。テスラには5万人を超える従業員がいる。彼らのすべてを管理することは物理的にも不可能だ（もちろん、彼は直属の部下たちを詳細に管理することはできる［ある情報源によれば、彼はある程度そうしている］。しかし、それでも、彼の直属の部下はたくさんの意思決定を行っているので、彼がそのすべてに口を挟むのは不可能だ）。つまり、テスラが成功する唯一の方法は、マスクが絶えず監督しなくても、彼らが革新的な製品を生み出す方法を理解しているかどうかにかかっている。そのため、従業員が革新的な製品を開発する方法を理解することを可能にする文化がテスラになかったとしたら、おそらく同社は成功しなかっただろう。リーダーシップの専門家であり、『伝説の指揮官に学ぶ究極のリーダーシップ』（CCCメディアハウス）の著者であるジョッコ・ウィリンクはかつて、マスクが成功しているのは、彼が従業員たちを詳細に管理せずに革新的な製品を生み出す方法を知っているからだと述べた。

　　マスクが成功しているのは、彼が立ち往生しないからだ。つまり、彼がテスラのありとあらゆることを詳細に管理する必要があると思っていたら……彼にそのすべてを行う能力がある可能性はかなり低いだろう。

　しかし、マスクが築き上げた文化について議論するプロの投資家や個人投資家があまりに少ないことは興味深い。テスラをどのように分析しているかについて投資家に語ることはできても、テスラの文化を分析しようなどと考えもしないことは間違いないだろう。テスラ株で大きなポジションを持っている人々に語りかけることはできても、同社の文化について何か知っている人はほとんどいないのではないかと思う。

　テスラの成功のこれほど重要な部分をだれもが見落とす理由は、彼らが類似性を用いて推論しているからだ。彼らは「成功している起業家は皆、自らの事業に情熱を持っている。したがって、マスクは自分の事業に情熱を持っているから優れた起業家だ」と言う。もしくは「最高の企業には優れた製品がある。したがって、テスラは現在市場に優れた製品を送り出しているので素晴らしい企業だ」と言う。もちろん、CEOに情熱を求めることも、優れた製品を持つ企業を好むことも間違いではない。しかし、類似性を用いて推論していると、最終的にテスラの成功の非常に重要な決定因子を見落とすことになる。つまり、同社の文化だ。

　一方、第一原理を用いて推論していれば、文化などの重要な事柄を見いだすことになる。第一原理を用いて推論している人ならこう言うだろう。「今日、そして将来素晴らしい製品を有する企業が成功するということは基本的な真実だ。そして、重要なのは企業が今

日優れた製品を持っているかどうかではなく、将来に優れた製品を持っているかどうかだ。テスラは革新的な業界で活動しているので、彼らが将来、より良い製品を手にする唯一の方法は競合他社の先を行くかどうかである。そのため、CEOが従業員たちに革新的になるべく権限を与えることができるかどうかは、CEOの情熱や企業の現在の製品の質と同じくらい重要だ」。マスクは次のように述べている。

> 重要なのはイノベーションのペースだ。基本的にこれがあらゆる企業の競争力を決める……ウォルマートのイノベーションの比率は無視できるほどだが、アマゾンは非常に高いので、アマゾンとウォルマートがこうなることは明らかなのだ。結果はとうの昔にはっきりしていた。

　投資をする場合は、常に第一原理を用いて推論しなければならない。競争状況を基本的な真実に分解し、そこから推論するのだ。第一原理を用いる考え方は、だれよりも正確に事業の成否を予想する役に立つ。だれよりも先にブロックバスターに目星を付けることができるようになる。さらに、ほかのだれもよりも革新的な方法で事業や経営陣を評価する役に立つ。すべての投資家が見落とす一方で、テスラの文化の重要性を見いだすことができるようになる（誤解のないように記すと、私はテスラに投資するかどうかを決めるに先立ち分析する必要がある唯一の事柄が同社の文化だと言っているのではない。バリュエーションや競争などの要素も分析する必要があるだろう。しかし、テスラが競合他社の先を行くことを可能にしている重要な要素である同社の文化を評価せずにテスラに投資するのは

少しばかりバカげているだろう）。

　「良い面と悪い面」もしくは「長所と短所」の評価に基づいて投資判断を下すことには慎重でなければならない。類似性を用いて推論している可能性が高い。それは、お粗末な投資判断を下す確実な方法である。

　むしろ、第一原理に基づいて投資すべきだ。事業の成否を決める基本的な理由を見いだし、そこから推論しなければならない。

第9章
5分間のルーブリック

The 5-Minute Rubric

　投資判断を下すためにどのくらいの時間をかけるべきだろうか。
30分か、5時間か、2週間か、6カ月か。

　答えはさまざまだろう。

　投資家、特に個人投資家のなかには、株式の調査にほんの数日し
かかけないという人もいる。私は、名前を聞いてから24時間以内に、
その企業が好きで株価が下落していたからという理由で株式を買っ
た人たちを知っている。自らを「金融調査のワンストップソリュー
ション」と称するある情報源は、企業の調査には2～4時間かけれ
ば十分だと述べている。

　また別の投資家、特にプロの投資家のなかには、株式の分析には
るかに長い時間をかける人もいる。バリュー投資で人気のファンド
であるアリエル・インベストメントは非常に詳細な調査を行う。彼
らは通常、アナリストたちに「本格的な」調査リポートを書かせ、
バランスシート、バリュエーション、競争力の分析を行うよう求め
ている。彼らはいくつかあるポートフォリオマネジメントのチーム
にすべての銘柄に数回目を通させ、彼らが幅広い意見を持つことを
認めている。同社には、目の前のコンセンサスに反論するための「悪

魔の代弁者」がいる。彼らは企業の強みや弱みを理解するためにファンドマネジャーたちと議論する。最終的に、彼らのチームは株式の分析に「数カ月」かけることになる。

　株式の分析にどのくらいの時間をかけるべきだろうか。2時間くらいだろうか、2カ月くらいだろうか。もちろん、正しい答えは1つではない。好きなだけ時間をかけることも、かけないこともできる。

　しかし、これは私の推測だが、平均的な個人投資家が株式の分析に少なくとも1〜2日はかけるべきだと考えている一方で、より厳格である傾向にあるプロの投資家たちは、投資判断を下すために1週間は最低でも必要だと言うだろう。

　しかし、興味深いことに、桁外れの投資家たちのなかには、数時間のうちに投資判断を下せる人もいる。

　ウォーレン・バフェットによるラーソン・ジュールの買収について考えてみてほしい。

　2001年12月3日、バフェットは、カスタムメードの額縁を製造しているラーソン・ジュールの所有者だったクレイグ・ポンツィオから電話をもらった。ポンツィオは自身の会社をバークシャー・ハサウェイに売却したかった。これは、バフェットが同社を、そしておそらくはその業界について耳にした最初だった。つまり、彼は同社に関する予備知識を持ち合わせていなかった。

　同社に関する予備知識がなかったにもかかわらず、これが素晴らしい投資機会であることをバフェットが知るまでにほんの数分しかかからなかった。そして、彼が売り手と合意するまでに90分しかかからなかった。

クレイグから電話をもらうまで私はラーソン・ジュールなど聞いたこともなかったが、彼と数分話して契約を結ぼうと思った。彼は率直に事業を説明し、買い手の心配をし、そして価格については現実的だった。2日後、クレイグとCEO（最高経営責任者）のスティーブ・マッケンジーがオマハにやってきて、90分後には合意していた。

バフェットが彼の友人が保有する2つの企業の株式を買ったときのことを考えてみよう。

友人のジャック・リングウォルトは2つの企業の支配株主だったが、私のオフィスにやってきて売りたいと言った。15分後、われわれは取引した。

リングウォルトとポンツィオからの株式購入は例外ではなかった。バフェットにとって、あっという間に投資判断を下すのは普通のことだった。例えば、バフェットはバークシャー・ハサウェイに事業を売却したいと考えている人に、5分後には自分が興味があるかどうかを知らせることができると語っている。

われわれは完全な守秘義務と、われわれが興味があるかどうかについて即答——5分以内が通例——すると約束できる。

バフェットのような桁外れの投資家たちはどのようにしてだれよりも早く投資判断を下しているのだろうか。さらに重要なことに、彼らは具体的な事業の分析にだれよりも少ない時間しかかけないの

に、どのようにしてだれよりも質の高い判断を下しているのだろうか。

その答えは、企業を分析するときに5分間のルーブリックを用いているかどうかにかかっている。

ルーブリックのない方法論

ほとんどの人々が2つのステップに従って投資判断を下している。

1．事業を徹底的に調査する
2．その事業が優れた投資対象かどうかを結論する

例えば、ある投資家が、エムアンドエムズ、スニッカーズ、スキットルなどのブランドを持つ製菓会社のリグレーへの投資を計画しているとしよう（これは仮説の例であることに注意されたい。リグレーは未公開企業なので投資家は投資できない）。

彼らが2つのステップに従っていたとしたら、リグレーに関するできるかぎり多くの情報を処理しようとする。彼らはリグレーに関する多くのニュース記事を読む。彼らはリグレーの投資家向けプレゼンテーションを隅々まで取り入れようとする。彼らは同社の決算に目を通し、近年利益率や売上高がどうなっているかを理解しようとする。

そして、それらすべての調査後に投資するだろう。

だが、このプロセスは時間の観点からするとかなり非効率である。

平均的な個人投資家は、もし睡眠を取るつもりならば、現実的にはそれらすべての調査にせいぜい8時間しかかけられない。同様に、

平均的なプロの投資家でもそのような分析を行うには丸々1週間かかるかもしれない（もちろん、これらの数値は個々人によってさまざまだ）。

　しかし、最初に分析する銘柄が完璧な銘柄であることなど、ほぼあり得ない。そのため、多くの投資家が適切な投資対象に出合うまでには、例えば、30銘柄に目を通す必要があるかもしれない。

　したがって、個人投資家は1つの投資対象に出合うために240時間または10日間（30銘柄×8時間）かけて、株式を分析する必要があるかもしれない。同様に、プロの投資家は健全な投資対象を見つけるために株式の分析に1200時間または50日（30銘柄×40時間）かけるかもしれない。

　もちろん、これらは仮の数字にすぎない。株式をもっと迅速にスクリーニングできる人々もいる。そして、株式に求める品質基準がもっと低い投資家もいるかもしれないが、それならばそれほど多くの株式に目を通す必要はなくなる。

　だが、ご理解いただけるだろう。事業を徹底的に調査し、その後初めて優れた投資対象かどうかの結論を下しているのならば、多くの時間を無駄にしている。

　さらに、桁外れの投資家たちのなかには、投資対象のデューデリジェンスを行わない人もいる。プライベートエクイティ・ファームが何週間もかけてデューデリジェンスを行うのとは異なり、桁外れの投資家たちはデューデリジェンスを行わない。これについて考えてみよう。バフェットはほんの数分で企業を買収することがある。ラーソン・ジュールの買収は、事業の所有者と電話で15分話をし、90分面会しただけで実行された。バフェットとリングウォルトとの取引はたった15分のうちに行われた。これほど短い時間では、どの

ような企業についてもデューデリジェンスを実行するのは物理的に不可能だ。人々がチームを組んだとしても、人間の力では及ばない。

したがって、株式を分析するとき、際限のない調査を行いたいとは思わないし、プライベートエクイティで働いているとしても、何週間もかけてデューデリジェンスを行いたいとは思わない。これは事業を分析する効率的な方法ではなく、また桁外れの投資家たちが投資判断を下す方法でもない。

この教訓は人生全般にも当てはまる。大きな判断を下そうとする場合、または問題を解決しようとする場合、問題の隅々まで調べるのは得策ではない。

コンサルティングの分野を例に取り上げてみよう。戦略コンサルタントはハーバードやスタンフォード、ウォートンのMBA（経営学修士）の卒業生たちに最も人気のあるキャリアパスの1つだ。

なぜだろうか。経歴書で目を引くからだ。すべての企業は、大手の戦略コンサルティング会社で働いた経験がある者は極めて有能な人物であることを知っている。戦略コンサルティングは非常に難しい仕事なので、経歴書のうえではお墨付きの役割を果たす。戦略コンサルタントは、フォーチュン500のトップ企業の最高幹部にアドバイスする。フォーチュン500企業は非常に難しく、企業自身では解決方法が分からない問題を解決するために戦略コンサルタントを雇う。

戦略コンサルタントに期待されることは、顧客に提言を行うまでに徹底的な調査を行うことだ。彼らがそうしないわけがない。要するに、彼らは買収や製品の導入や戦略上の取り組みなど、企業の成否を決めるような大きな判断について最高幹部にアドバイスすることが多い。そのうえ、たいていの場合、コンサルタントはそれほど

経験豊富ではない。彼らは学士号やMBAを修得したばかりで、自分たちがアドバイスしているフォーチュン500企業の最高幹部よりも経験が不足していることは間違いない。そして、経験が不足しているがゆえに、顧客にあらゆる提言を行う前に徹底した調査を行うことが求められる。どうして彼らが実際に徹底した調査をしないで、最高幹部が解決できないような複雑な問題を解決できるだろうか。

　ところで、戦略コンサルタントは顧客に提言を行う前に徹底した調査を行わないことが判明している。これは私が言っているのではない。これは、野心あふれるコンサルタントたちにトレーニングを行っている元戦略コンサルタントのハインリッヒ・ルーシェが言っていることだ。彼は、徹底的な調査を行って問題を解決しようとするのは誤りだと述べている。

　　　若い大学生や経験の乏しいプロのビジネスマンはこう言う。「ギャップを埋めるまで、実際にすべてに目を向けるまで、徹底した調査を行うまでは解決策など見つけられない。これらすべてを行うまでは。分かりますよね」。でも、皆さん。ビジネスの世界ではこのようなやり方をすべきではない。

　これは重要な疑問を提起している。戦略コンサルタントたちは徹底した調査を行わずに、どのようにして重要な提言をしているのだろうか。さらに重要なのが、バフェットのような人々は投資対象を徹底的に調査しないで、どのように投資判断を下しているのだろうか。

5分間のルーブリックを用いた方法論

　顧客の問題を解決しようとするとき、コンサルタントはけっして事細かく調査しようとはしない。むしろ彼らは枠組み、言い換えれば、5分間のルーブリックを構築して、問題にアプローチする。

　ルーシェが作ったシンプルな例を紹介する。ブラジル市場に事業を拡張したいと考えている架空の決済サービスプロバイダーがいるとしよう。同社のCEOは、市場に参入するのが合理的かどうか意見を求めている。

　CEOに適切な提言を行うために、多くの人々は何時間もかけてブラジル市場のすべてを調査するだろう。彼らはブラジルに関する主要な業界のリポートや、ブラジルにおける最大の競合他社の年次報告書を読み、最も優秀な業界の専門家のすべてと対話するだろう。そして、ようやく判断を下すという人々がほとんどだと思う。

　一方、コンサルタントは異なるアプローチをとる。あらゆる調査を行う前に、彼らはブラジル市場を評価するための枠組み、言い換えれば、5分間のルーブリックを構築するのだ。

　5分間のルーブリックとは、判断を評価するための要件のリストにすぎない。学校でもルーブリックに出くわしたことがあるだろう。教師たちは生徒たちにプロジェクトで、どのように評価されるかを示した要件のリストを提供することが多い。これがルーブリックである。

　もしくは、採用の場面でルーブリックを見たことがあるかもしれない。高校生のとき、私はウォルグリーンでのサマージョブに申し込んだ。面接のときに、採用担当のマーティーは人事部から渡された実際のルーブリックを手にしていた。彼はルーブリックを用いて、

コミュニケーションやチームワークといった分野で私を評価するよう求められていた。

　コンサルタントもまったく同じことをしている。教師たちが学生を評価するためにルーブリックを構築したり、企業が就職希望者を評価するためにルーブリックを構築したりするのと同じように、コンサルタントもルーブリックを構築して、判断の魅力度を評価する。ブラジル市場の例を続けるが、コンサルタントはブラジル市場を隅々まで調査することはない。むしろ彼らは、企業が参入することが合理的であるためには、ブラジル市場が満たす必要がある最も重要な3〜7つの要件からなる簡潔なルーブリックを構築する。例えば、ルーシェは、コンサルタントは次の4つの要件に照らしてブラジル市場を評価したいと思うかもしれないと示唆していた。

1．市場の成長率
2．モバイル決済への親近感
3．顧客が提供するサービスや価格の魅力
4．競争状況

　5分間のルーブリックを作ることは時間の観点から非常に効率的である。少し考えてみてほしい。ルーブリックがなかったら、コンサルタントは最終的にブラジル市場の隅々まで調査することになる。だが、最近ではどのような問題でも多すぎる情報が吐き出されてくるので、これは不可能だ。そのうえ、コンサルティングプロジェクトは数週間から数カ月程度の期間しかない。そのような短期間にすべてを詳細に調べるのは実行不可能だ。しかし、ルーブリックを構築することで、コンサルタントは調査の範囲を絞り込める。判断に

関連するすべての事柄を調べなければならないのではなく、彼らは３〜７つの重要な調査分野を割り出す。ブラジル市場に関するあらゆることに目を通すのではなく、ルーシェのようなコンサルタントは市場の成長率や競争状況といった分野にだけ集中するだろう。

　実際に、桁外れの投資家たちは事業を素早く評価する一助となるような精神的なルーブリックを構築している。前述したとおり、バフェットは５分もあれば事業に興味があるかどうかは判断できると年次報告書に書いていた。このことに驚き、「本当にバフェットはそんなに素早く投資判断を下せるのか」と考える人々もいた。その答えを得るために、どのようにしてそれほど素早く投資判断を下しているのかバフェットに直接尋ねた者もいた。

　　年次報告書で次のように書かれていました。「フライトセーフ
　　ティーのような素晴らしい企業を所有しているなら教えてくだ
　　さい。喜んで目を通して５分以内に返事をします」。どうして
　　そのようなことができるのでしょうか。

　これに対して、バフェットは信じられないほど素早く投資判断を下すために、フィルター——私が言うルーブリックだ——をどのように用いているか説明した。

　　われわれには時間をかけて構築してきたたくさんのフィルター
　　がある。それらのフィルターが完璧だとは言わない。それらの
　　フィルターが通過すべきものを除外してしまうことは一切ない
　　とは言わない。しかし……効率的なのだ。そして、何カ月もか
　　け、専門家を雇い、その手のことをすべて行ったくらい有効な

のだ。だから、われわれは5分もあれば、事業に興味があるか
どうか伝えられる。

続けてバフェットは、フライトセーフティーを買収する前に事実
上まったくデューデリジェンスを行わなかったことを説明した。

彼らは世界中に40カ所ほどのトレーニングセンターを持ってい
るが、私は1件も足を踏み入れたことがない。彼らの本社に行
ったこともない。所有権の確認すらしなかった。つまり、そう
いうことはまったく行っていない。そして、はっきり言うが、
今日までそのようなことに1ドルもかけたことがない。われわ
れが出費を強いられるのは、事業の基本的な経済的特徴を誤っ
て評価するときだ。だが、それは人々が考えるデューデリジェ
ンスを通して分かることではない。この部屋にいる人々のほと
んどが、何が優れた事業を生み出し、何が優れた事業を生み出
さないのかに焦点を当て、そして少しばかりそれについて考え
れば、何が合理的で、何が合理的でないかを5分間でかなり正
確に割り出すことができるフィルターを構築できる。

その後、チャーリー・マンガーはいくつかの大きなアイデア（ま
たは投資要件）に焦点を当てることは、超がつくほど深掘りしたデ
ューデリジェンスを行うよりもはるかに良いと述べた。

付け加えることがあるとすれば、人々はいくつかのシンプルで
大きなアイデアが持つ重要性を過少評価している……いくつか
の大きなアイデアは本当に有効なのだ。

　したがって、企業に投資する場合、ほとんどの人々が取っている次の2つのステップに従いたいとは思わないだろう。

1．事業を徹底的に調査する
2．その事業が優れた投資対象かどうか結論する

　むしろ、桁外れの投資家たちがとっている次の3つのステップをとりたいと思う。

1．事業にとって重要なことを見いだすことで5分間のルーブリックを構築する
2．重要なことだけを調査する
3．重要なことだけに基づいて結論を出す

　桁外れの投資家たちはリグレーへの投資を検討していても、同社に関するありとあらゆる情報を探し求めようとはしない。むしろ彼らはまず、その事業にとって重要な要素を定義する5分間のルーブリックを構築する。つまり、同社に投資する前に分析する必要がある最も重要な要素のリストである。リグレーの場合、ルーブリックには製品の質、ブランド力、販売力といった要素が含まれるかもしれない。そして、ルーブリックにある要件に照らして事業を評価する。最後に、ルーブリックにある要件を満たしていたら、同社に投資する。
　前述のとおり、この方法は時間の観点からもはるかに効率的である。この方法を用いれば、企業に関するあらゆることに目を通す必要はない。同社に関するニュースをすべて把握する必要もないし、

同社の財務指標をすべて把握する必要もない。むしろ、重要なことだけを把握すればよい。そして、何週間も何カ月もかけて事業を分析するのではなく、5分から2時間程度の時間をかけていくつかの重要な情報だけを入手すればよい。

多くの人々が、入念なデューデリジェンスを行わないことに明確なマイナス面があると指摘する。つまり、判断がよりお粗末になるというわけだ。「企業について知っていることが少なければ、間違いなく、お粗末な判断しかできなくなる。要するに、効率的市場仮説に従えば、企業に関してより多くの情報を持っている投資家は、情報を持っていない投資家よりも有利なのだ」

私はまさに正反対の主張をする。情報が少なければ少ないほど良い場合もあるのだ、と。多くの人々にとって、企業に関して目にする情報が少ないほど、より正確な判断を下せる。

例えば、2人の人物が食料品の買い物をしているとしてみよう。それぞれがパーティー用に50種類の食品を買う必要がある。しかし、彼らの買い物方法には違いがある。Aさんは食料品店を訪れる前に買い物リストを作っている。Bさんは買い物リストを作っておらず、店内を歩き回り、目に入った商品を選ぶつもりなのだ。

どちらが50品目すべてを手に入れる可能性が高いだろうか。

十中八九、Aさんのほうが50品目すべての買い物を済ませる可能性は高い。Aさんは1つの商品を手にするたびに、買い物リストに線を引いて消していく。そして、会計を行う前に、すべての品目が消えているかどうかを確認する。そして、消えていない品目があれば、買い足さなければならないことが分かる。

一方、Bさんはいくつかの品目を見落とす可能性が高い。もちろん、Bさんは必要とするすべての品物の前を通る。しかし、目の高

さには置かれていない品物もあるので、それに気づかずに素通りしてしまうかもしれない。商品を目にしても、それを必要としていることを忘れてしまう場合もあるかもしれない。さらに、会計を済ませる前に、買い物リストを使って自分がすべてを選んだことをダブルチェックすることはできない。そのため、彼は記憶に頼らなければならず、自分が重要なことを忘れていないことを願うばかりとなる。

　投資をするときは、Aさんのようでありたいと思う。買い物リスト（またはルーブリック）を手に投資候補に取り組みたいと思う。事業において最も重要な2〜5つの要素を記したリストがあれば、それを見落とす可能性は低くなる。一方、Bさんのようにはなりたくない。ルーブリックがないと、事業の長期的な成否を決める重要な要素を見落とす可能性がある。

　5分間のルーブリックは、投資をするときに特に重要である。

　年次報告書や四半期報告書や決算説明会の記録や業界のリポートなど一般に用いられる情報源に目を通しても、企業について知る必要があるすべてが分かるわけではない。iPhoneがまだ新製品だったときに、アップルの将来を予想しようとしていたとしてみよう。正確に予想するためには、競合製品と比較したアップルのiPhoneの質を理解する必要があった。そのためには、iPhoneのデザイン、ユーザインタフェース、特徴など、消費者がどのスマホを好むかを決める重要な要素について学ばなければならなかっただろう。しかし、そのような情報は一般に用いられる情報源では得られなかった。

　決算説明会の記録では、iPhoneのユーザインタフェースに関する情報はほとんど見つからなかった。

　年次報告書を読んでも、iPhoneのデザインが競合製品と比較し

てどうかは分からなかった。

　業界のリポートを読んでもデザインの優れた製品とはどのような
ものかは分からないことがほとんどだった。

　投資を行うためには非常に重要だったそのような情報は、一般に
用いられる情報源にはなかった。

　では、多くの人々と同じように、「事業を徹底的に調査」しただ
けだったら、どうなっていただろうか。従来の情報源のすべてに目
を通したことだろう。企業の年次報告書や決算説明会の記録を読ん
だことだろう。だが、iPhoneのデザインやユーザインタフェース
に関する情報には出合うことはなかっただろう。結果として、成功
するための最も重要な要因の1つ、つまり製品に目を向けることな
くアップルへの投資判断を下していただろう。

　しかし、ルーブリックがあれば、そのような問題は防げた。ルー
ブリックがあるということは、検討すべき最も重要な要素のリスト
があったことになる。それは、購入すべき最も重要な品目を記した
買い物リストを持っているようなものだ。

　そして、従来の情報源に目を通しながら、重要な品目を目にする
たびに、リストに線を引いて消していった。例えば、借り入れが少
ないことがルーブリックの項目にあったとしたら、アップルの借り
入れが少ないと結論したら線を引いて消した。それはまるで、買い
物かごに商品を入れるたびに買い物リストから消していくように。

　アップルの調査が終わったら、ルーブリックのすべての項目が消
えているかどうか確認できた。その場合、iPhoneのデザインはルー
ブリックに挙げられていたにもかかわらず、年次報告書や四半期
報告書では取り上げられていないことに気づいただろう。そして、
この重要な情報を得るために振り返ることになる。最終的に重要な

情報を見落とさずに済んだ。それは会計をする前に自分が重要なものをすべて手にしたかどうか確認するために買い物リストを見直すようなものだ。

実際に、ルーブリックを持つことは人生でいろんな判断を下すためにも良いことだ。本書を通じて、私は、いくつかの企業は失敗する運命にあるマーケティングキャンペーンを展開したと何回か指摘した。どうして大学生が、何十億ドルもの価値を持つ大企業が展開する広告キャンペーンが本質的に失敗する運命にあるなどと主張できるか不思議に思ったかもしれない。経験豊富なCMO（最高マーケティング責任者）が見落とした誤りをどうして彼が指摘できるのか、と。その答えは5分間のルーブリックにある。私は、広告が成功するために必要な最も重要な要件からなる5分間のルーブリックを持っていた。私は、それらの企業の事実上、すべての広告が要件をまったく満たしていないことを知っていた。そのため、私は、それらは失敗する運命にあると結論した。私は正しかった。そして、CMOは間違っていた。

したがって、投資判断を下すために常に5分間のルーブリックを持っておきたいと思う。これは効率的な意思決定を促すだけでなく、重要な知り得ることを見落とす可能性を大きく低減する。

表面的には、本章の教訓は偽善的に思える。本章全体のテーマは、ルーブリックを構築することで、素早く投資判断を下すことが可能になるということだ。一方、80％パストルールのテーマは、投資家は投資判断を下すために何時間もかけて書籍や古い年次報告書を読む必要があるということだった。したがって、それぞれの章の教訓は互いに矛盾しているように思えるだろう。

しかし、それぞれの章の教訓の間にある重要な機微を認識するこ

とが大切である。80％パストルールは自らのコンピタンス領域を構築することが主眼だった。それは、ルーブリックで取り上げる必要があることを見いだすことでもあった。一方、本章は実際の投資判断を下すためのものだ。ルーブリックを構築することではなく、実際にそれを活用することが主眼である。

　もちろん、事業について学ぶためには多くの時間がかかる。事業において何が重要かを理解するためには数多くの書籍や年次報告書を読まなければならない。これはコカ・コーラのようなシンプルな事業でも同じだ。コカ・コーラのようなシンプルな事業を理解するためにもたくさん読まなければならない。言い換えれば、真剣に投資に取り組み、しっかりしたルーブリックを構築するには多大なる努力が求められるのだ。

　だが、ひとたび5分間のルーブリックを構築し、目を向けるべきことが分かれば、それほど多くの時間をかけずに事業を分析できる。ひとたび5分間のルーブリックを構築してしまえば、企業について年次報告書の隅々まで読む必要はない。5分間のルーブリックで注目すべきとしたことにだけ焦点を当てればよい。そうすれば、ほんの数分で投資判断を下せることもある。

ルーブリックをバックテストする

　本書を通じて、私は何回かレイ・ダリオを取り上げた。思い出してほしいが、彼は大恐慌の到来を予想したマクロ投資家だ。メキシコが国債をデフォルトさせたのを目にした彼は、多くの国々が同様の信用格付けを有していることに気づいた。そして、彼はその他の国々もデフォルトするだろうと結論を下した。しかし、彼は間違っ

ていた。彼は経済状況を安定させるFRB（米連邦準備制度理事会）
とIMF（国際通貨基金）の能力を過少評価していたのだ。彼の予
想は大間違いだったので、彼の評判は地に落ち、「ブリッジウオー
ターで築き上げたすべて」を失い、「振り出しに戻る」ことになった。

　しかし、ご承知のとおり、今日、ダリオは大成功しており、素晴
らしい評判を得ている。では、その間に何があったのだろうか。「振
り出し」から今日の成功まで彼はどのように歩を進めたのだろうか。

　まず、大失敗後に彼がより入念に取り組むようになったのが歴史
の研究だった。前述のとおり、「振り出しに戻った」ことで、彼は
歴史を研究することの重要性を深く認識するようになった。

> 私は改めて歴史を研究する価値を知った。要するに、「よくあ
> ること」が起きただけだったのだ。私は、自国通貨建ての債務
> は政府の支援があれば成功裏に再構築されること、そして各国
> の中央銀行が同時に刺激策を講じれば（大恐慌の底の1932年3
> 月や、1982年に彼らが行ったように）、インフレとデフレは互
> いに相殺されることに気づくべきだった。1971年と同じように、
> 私は歴史の教訓を認識できなかったのだ。

　だが、失敗したダリオが成功を手にするために行ったのは歴史の
研究だけではなかったことはまだ書いていなかった。彼が行ったの
は、私がルーブリックのバックテストと呼ぶものだ。

　前述のとおり、賢明なる投資家の多くが何らかの形でルーブリッ
クを用いて投資判断を下している。バフェットとマンガーには投資
家の99％よりもはるかに素早く投資判断を下すことを、そしてより
良い仕事をすることを可能にするフィルターがある。ルーシェのよ

うな戦略コンサルタントは枠組みを用いて問題を解決している。同様に、ダリオは取引を行う前に意思決定の要件を書き出していた。彼は著書『PRINCIPLES（プリンシプルズ）――人生と仕事の原則』で次のように書いている。

　　かなり早い段階から、市場でポジションを取るときは意思決定に用いる要件を書き出していた。

　ルーブリックを用いることの大きな弱点は、5分間のルーブリックが間違っているかもしれないということだ。特に、構築した5分間のルーブリックが事業を調査するための重要な要件を見落としているかもしれない。

　実際に、これは投資家の間に広く見られる問題である。

　第8章で、ほとんどの投資家がテスラをどのように評価しているかについて議論したとき、この問題を目にしている。われわれは、ほとんどの投資家はテスラの製品や財務状況や経営陣を分析することで、テスラを評価すると書いた。これらを分析するのは間違いではない。しかし、90％以上の投資家が、テスラの成功にとって同社の文化が重要であることを見落としていた。ある意味で、これらの投資家の精神的なルーブリックは重要な投資要件を無視していた。

　第1章でコカ・コーラを取り上げたときにもこの問題を目にしている。ほとんどの投資家がコカ・コーラを分析するにあたり、製品の質や財務状況などの要素について考える。しかし、彼らは、同社のブランドは幸福を連想させようとしていることを忘れている。彼らはブランドの評判、つまりブランドを築くうえで重要なことを分析し忘れている。したがって、これら投資家の精神的なルーブリッ

クは重要な要素を見落としていた。

　ダリオの例でもこの問題を目にしている。メキシコが国債をデフォルトさせたとき、ダリオは恐慌になると考えた。しかし、彼の意思決定の要件は、IMFとFRBが経済を制御できるというシナリオを見落としていたので、彼はあっという間に評判を落とした。

　5分間のルーブリックで重要な事柄を見落とさないようにする最良の方法は、5分間のルーブリックをバックテストすることだ。つまり、歴史を用いて自らの5分間のルーブリックの予測精度を確認するわけだ。

　例えば、石油ガス会社に投資しようとしているとしてみよう。投資に至るまでの方法として、まず3〜7つの最も重要な要素からなる5分間のルーブリックを構築する。そして、その5分間のルーブリックに照らして石油ガス会社を評価する。これなら間違えることはない。しかし、5分間のルーブリックが間違っているリスクが存在する。これは、事業の評価を間違える原因ともなる。

　そこで、事業の成否の予想が正確かどうかを把握するために、5分間のルーブリックを歴史に照らしてバックテストしたい。そのためには、石油ガス会社の古い年次報告書に目を通したい。その古い年次報告書を読んだら、5分間のルーブリックを用いて、同社の競争上の立場、売り上げ、利益が向こう10年間でどのようになるか予想したい。そして、直近の年次報告書を用いて、自分の予想が正しかったかどうかを確認したい。

　正しかったとしたら、素晴らしい。つまり、5分間のルーブリックの的中率は高いということになる。

　正しくなかったとしたら、5分間のルーブリックは何か重要なことを見落としている。その場合、直近の年次報告書が、予想が外れ

た理由を理解する役に立つ。それらを読むことで、5分間のルーブ
リックがどの要件を見落としていたかが理解でき、5分間のルーブ
リックに磨きをかけることができるようになる。

　5分間のルーブリックのバックテストを済ませたら、あとはプロ
セスを繰り返すだけだ。同業他社の古い年次報告書を読み、同社の
将来を予想する。そして、自らの回答を確認し、5分間のルーブ
リックを改訂する。そして、このプロセスを再び繰り返す。古い年次
報告書を読む。その将来を予想する。自分の回答を確認する。5分
間のルーブリックを改訂する。その繰り返しである。

　実際に、ダリオは同様のプロセスに従って、自らの意思決定のル
ールの正確さを改善しようとした。彼は『PRINCIPLES（プリンシ
プルズ）──人生と仕事の原則』で次のように説明している。

　　かなり早い段階から、市場でポジションを取るときは意思決定
　　に用いる要件を書き出していた。そして、取引を手仕舞ったら、
　　それら要件がどのように作用したか振り返ることができる。こ
　　れらの要件を公式（今風に言えばアルゴリズム）に落とし込み、
　　ヒストリカルデータを使って検証すれば、過去に自分のルール
　　がどのくらい有効だったかがテストできる……そして、意思決
　　定のルールを適切に修正できると思いついた。

　バフェットもバックテストを用いて企業の評価方法を学んだ。バ
フェットの師であるベンジャミン・グレアムは彼にいくつかの企業
の財務諸表を見せた。そして、バフェットにこれらの企業にどれだ
けの価値があるか評価するように求めた。そして、最後に、直近の
財務数値と照らし合わせ、評価が正しかったかどうか、間違ってい

たとしたら、どうして間違ったかを理解させようとした。バフェットはかつて次のように述べている。

> 私は幸運だった。私には素晴らしい先生がいた、ベンジャミン・グレアムだ……われわれがしたことと言えば、教室に行って、企業を評価することなのだから、本当に面白かった。そして、彼はさまざまなゲームをわれわれに仕掛けてきた。例えば、彼はときどき、われわれに企業Aと企業Bの財務諸表全体を評価させるのだが、A社もB社もまったく同じ会社で時期が異なるだけだったりする。彼はわれわれに重要な変数について考え、どのように脱線してしまうかを考えさせるために数多くのゲームを仕掛けてきたのだ。

したがって、5分間のルーブリック、または一連のフィルターを用いて投資判断を下す前にバックテストをしなければならない。自らの5分間のルーブリックの予測精度が高いことを確認しなければならない。そうすることで、バフェットのような桁外れの投資家たちは投資の方法を学んだ。そして、そうすることで、ダリオのような桁外れの投資家たちは「振り出しに戻る」ことを防いでいる。

徹底したデューデリジェンスが投資を成功させるのではない。バフェットはたった5分でフライトセーフティーの買収を決めた。

枠組み

　かつてバフェットは、投資をするためには賢くなる必要もないし、インサイダー情報も必要ないと述べた。しかし、意思決定のための確たる枠組みは必要である。

　　人生を通して投資で成功するためには、成層圏に届くようなIQも、事業への並外れた洞察力も、インサイダー情報も必要ない。必要なのは意思決定のためのしっかりした知的枠組みであり、その枠組みに感情が入らないようにする能力だ。

　第9章で、われわれは枠組みについて議論した。私はルーブリックという言葉を用いたが、これこそまさに枠組みだ。ある辞書によれば、枠組みとは「問題に対応するため、もしくは何をすべきかを判断するために用いる特定のルール、アイデア、信念」である。それこそが5分間のルーブリックである。つまり、事業の評価に用いることができる一連のルールであり、ダリオが言う「意思決定の要件」だ。

　ここで、私は同じコンセプトを取り上げ、それをより広範な意味での投資に当てはめてみたいと思う。本書の教訓に基づき、投資判断に至るための高度な枠組みを示すつもりだ。これは賢明なる投資判断を下す方法を明らかにする一連の説明書きである。投資判断を下す前に、以下を読んでほしい。そうすることで、しっかりした意思決定のプロセスに確実に従うことができるだろう。

ステップ１──コンピタンス領域を構築する

　投資を行う前に考えるべき最初の問題は次のとおりである。「事業の重要な第２層の要素を取り上げ、重要でない第２層の要素は取り上げない５分間のルーブリックを構築できるか」。自信をもって構築できないならば、事業の成功にとって何が重要かを把握していない。言い換えれば、事業を理解していない。その事業がコカ・コーラやマクドナルドであっても、重要なこととそうでないことを区別できないならば、理解していない。

　事業を理解していないとしても問題はない。実際、それは普通だ。時間をかけて研究することなく、事業を理解できると期待すべきではない。コンピタンス領域を構築する方法はいくつかある。

●**80％パストルールに従う**　歴史の研究に多くの時間を割くべきである。事業の成否を決める第２層の要素を理解したいと思うだろう。さらに、それらの要素が企業の財政的な成功にどのような影響を及ぼすか理解する必要がある。マンガーは次のように述べている。「バリューラインのグラフの変化を……事業で起こっていることと関連付けようとしている」

●**事業のストレステスト**　リスクを理解していない場合は、事業のストレステストを行えばよい。過去にそのリスクが発生した時期に目を向けるのだ。そうすれば、企業がさまざまなストレスに対してどのくらいレジリエンス（回復力）があるか分かるだろう。

●**年次報告書の問題点を認める**　企業は年次報告書にウォール街を喜ばせるものをたくさん掲載する。それは財務データである。しかし、しっかりした投資判断を下すためには、財務数値を理解す

るだけでは不十分だ。事業の成否を左右する定性的な要素も理解しなければならない。例えば、コカ・コーラの場合、同社のブランドが何を連想させるかを理解しなければならない。しかし、年次報告書で、たくさんの定性的な情報が見つかることはほぼない。例えば、コカ・コーラの最近の年次報告書では、「販促およびマーケティングプログラム」の議論には4分の1ページしか充てられていなかった。したがって、調査の範囲を年次報告書や決算説明会の記録以外にも広げ、書籍や論文などの情報源に目を通すことも大切である。

●**関係するものではなく、重要なものを読む**　われわれは関係がありそうだというだけで何かを読む。ファストフード店に投資をしようとしていれば、ファストフード店の年次報告書を読もうとする。そして、ソフトウェア企業に投資をしようとしていれば、ソフトウェア企業が属する業界のリポートを読もうとする。しかし、前に説明したとおり、関係がありそうな情報が必ずしも重要な情報だとは限らない。関係のある情報源では重要な知見が得られないかもしれないが、無関係な情報源の多くで大きな洞察が得られることもある。そのため、事業について学ぼうとしているときは、常に関係があるように思えるものではなく、重要な知見をもたらす可能性が高いと思えるものに目を通すべきだ。

●**バックテスト、バックテスト、そしてバックテスト**　コンピタンス領域を構築する目的は、5分間のルーブリックを構築し、効率的かつ効果的に正しい投資判断を下せるようにすることだ。しかし、5分間のルーブリックが役に立つのは的中率が高い場合だけである。そのため、事業の将来の成功を予想する能力に自信が持てないならば、繰り返しバックテストを行うべきだ。

ステップ２──企業の将来の競争上の立場を予想する

　事業を理解したら、次のステップは予想することだ。結局のところ、投資とは企業の将来を予想できるかどうかである。企業が５〜10年後にどうなっているかが分からなければ、株価が５〜10年後にどうなっているかなど分かるはずがない。つまり、将来企業がどうなっているかを合理的に予想する必要がある。そのためには、次の２つのアドバイスに従えばよい。

●**知り得る重要なことに集中せよ**　結局、知り得ない重要な情報があまりに多すぎるので、企業の将来を正確に予想できない。知り得るが重要ではない多くのことに焦点を当てると、自らの考えにバイアスがかかり、企業の将来に関する予想が不正確なものになる。そのため、知り得る重要なことに焦点を当てるべきだ。

●**第一原理に基づいて投資せよ**　完璧に合理的に思えるアイデアが、まったく非合理ともなる。バフェットとマンガーは当初、シーズ・キャンディーズはひどく過大評価された事業だと考えていた。彼らの文脈に従えば、この結論は非合理ではなかった。しかし、大変間違っていた。同様に、牧草はたくさんあるので、車が馬に置き換わることはないというのは完璧に合理的だった。しかし、それもまた大きく間違っていた。完璧に合理的だが、非合理な結論を下してしまう可能性を最少化するためには、常に第一原理に基づいて投資すべきだ。まずは世界がどのように動いているかに関する基本的で否定できない真実から始めればよい。そして、そこから推論する。

ステップ３──利益を評価する

　投資とは、将来により多くの現金を得るために今の現金をあきら
めることだ。

　株式市場での投資を、賃貸用不動産の投資と同じものと考えれば
よい。

　賃貸用不動産を購入する場合、将来により多くの現金を得るため
に今の現金をあきらめている。賃貸用不動産を購入するために資金
を支出している。そして、テナントから賃料を回収しようとする。
しかし、その賃料のすべてが自らのものになるのではない。その一
部は、電気代や水道代や修繕費などの費用に充当しなければならな
い。費用を差し引いて残ったものが、自分の利益だ。

　賃貸用不動産に投資をしているならば、ROI（投資利益率）を最
大化したいと思う。ここでAとBの２つの賃貸用不動産があるとし
よう。賃貸用不動産Aの価格は10万ドルで、年に１万ドルほどの利
益が見込める。賃貸用不動産Bの価格は20万ドルで、年４万ドルの
利益を生み出す。どちらを保有したいと思うだろうか。間違いなく
賃貸用不動産Bだ。10万ドルも高いが、４倍もの利益を生み出す。
言い換えれば、不動産BのROIのほうがはるかに高い。賃貸用不
動産Aでは、毎年10％のROI（１万ドル÷10万ドル）しか稼げない。
毎年、初期投資額の10％しか得られない。一方で、賃貸用不動産B
は当初の投資額20万ドルに対して、毎年４万ドルを回収できるが、
これは年間のROIが20％（４万ドル÷20万ドル）になる。

　賃貸用不動産の評価と同じように、事業の評価についても考えた
い。

　賃貸用不動産と同じように、事業も毎年賃料を生み出す。しかし、

事業では賃料という言葉は使わない。それは売上高とか収益と呼ばれる。

　賃貸用不動産と同じように、事業でもガス代や電気代や水道代などの費用がかかる。だが、企業の損益計算書にはガス代や電気代や修繕費などの費用項目はない。それは売上原価（COGS）や販売費及び一般管理費（SG&A）と呼ばれる。

　賃貸用不動産と同じように、事業は利益を生み出す。事業では、利益はフリーキャッシュフローと呼ばれる（投資家が企業の収益性を測るために用いる指標は多くある。純利益、EBITDA、EBIT［利払前・税引前利益］、フリーキャッシュフロー、調整後純利益、調整後EPS［１株当たり利益］、調整後EBITDAといった具合だ。一般に、フリーキャッシュフローは企業の収益性を測る最良の指標と考えられている。その理由には深入りしない。だが、企業がどれだけの現金を生み出しているかを詳細に記録しているというのがシンプルな回答だ。フリーキャッシュフローを算出するためには、企業の営業活動によるキャッシュフローから資本支出を差し引けばよい。どちらの数値も企業のキャッシュフロー計算書で見つけることができる。この数値を算出してくれるウェブサイトもある。例えば、今日時点ではヤフー・ファイナンスがそうだ。株式を検索し、「ファイナンシャルズ（Financials）」をクリックする。そして、「キャッシュフローステートメント（Cash Flow Statement）」を選択する。すると、企業のフリーキャッシュフローがキャッシュフロー計算書の一番下に表示される）。

　賃貸用不動産を購入するにもお金がかかるように、企業を買うにもお金がかかる。企業の価格を示す用語が「時価総額（market capitalization）」「マーケットキャップ（market cap）」「バリュエ

ーション」などだ。これが企業の価格である（概して財務のプロた
ちは、企業の購入価格を測るために「時価総額」ではなく「エンタ
ープライズバリュー」を用いる。投資の初心者たちには時価総額を
利用することを勧める。私の意見では、時価総額を用いたほうがシ
ンプルで、直観的にも理解しやすい。さらに、本書を通じて、私は
「フリーキャッシュフロー」という言葉を漠然と使っている。フリ
ーキャッシュフローの算出方法はいくつかある。本書では「株主に
帰属するフリーキャッシュフロー」をフリーキャッシュフローと呼
んでいる）。

　賃貸用不動産に投資をする場合、ほかの条件がすべて同じならば、
ROIが最も高い不動産を所有したいと思う。同じことが事業への投
資にも当てはまる。より高いROIを生み出す事業に投資したいと
思う。

　事業に投資をする場合、マーケットキャップに目を向けるべきだ。
それが事業の価格であることを理解する必要がある。そして、バッ
クテストやステップ１やステップ２に基づいて、次の２つの問題に
ついて考えるべきだ。

　１つ目が、「この事業が将来どのくらいのお金を生み出すと思うか。
毎年どのくらいのROIが得られるのか」。

　２つ目が、「この事業はほかの事業に投資するよりも高いROIを
もたらすのか。もう少し時間をかければ、より高いROIをもたら
す事業が見つかるのか」。

　その事業がほかの投資機会よりも高いROIをもたらすと思うな
らば、大きなリスクが存在しないかぎり、それが素晴らしいチャン
スであることは明らかだ。反対に、その事業が魅力的なROIをも
たらさないと思うならば、単純に優れた投資機会ではない。

ステップ4 ── リスクを評価する

　もちろん、最も高いROIをもたらす企業を買うだけではうまく
いかない。リスクを最少化する必要もある。

●**安全域を持って投資せよ**　安全域を持って株式を買うことは理に
かなった考えである。平均的な同業他社が6.0％のROIをもたら
す一方で、ある株式が6.5％のROIをもたらすと考えているとし
たら、6.5％のROIをもたらす株式を買うのは良い考えではない。
なぜか。その企業はほかの企業よりも高いROIをもたらすが、著
しく高いわけではない。したがって、誤りの余地や安全域が存在
しない。その場合、何か些細なことが予想外に誤った方向に進み、
投資がうまくいかなくなるかもしれない。そのため、安全域を持
って投資すべきである。

●**だが、安全域だけではない**　しかし、安全域の限界を認識するこ
とが重要である。安全域はテールリスクから事業を守ることはで
きない。バフェットは安全域を持ってデクスター・シューを買収
したが、テールリスクが実現したのでお粗末な結果となってしま
った。そこで、投資をする場合、あらゆるテールリスクから遮断
されている事業を探したいところだ。もちろん、すべてのテール
リスクが事業にどのような影響を与えるかは分からない。アップ
ルの本社が火事になったら、同社の事業はどうなるだろうか。第
3次世界大戦が起きたらテスラはどうなるだろうか。そのような
リスクをきちんと評価することはできない。しかし、より重要な
競争上のテールリスクは評価できる。つまり、競合他社が大幅に
優れた製品やブランドや販売網などを作り上げることで生み出さ

れるリスクである。それらを評価するためには、10億ドルテストを行えばよい。株式を買う前に、「10億ドルを持っていたら、この企業を潰すことができるだろうか」と自らに問うのだ。企業を潰す戦略が思いつくとしたら、やがてだれかがそれを実行する。今年、翌年、5年間のうちにはないかもしれない。だが、最終的にはそうなるだろう。そして、そのようなテールリスクが発生するときに、その企業を保有していたいとは思わないだろう。

●**隠れたリスクに対応せよ**　重要なリスクの多くは、年次報告書や四半期報告書や業界のリポートを読んだだけでは分からないと認識することが重要である。カロビオスを空売りしたジョー・キャンベルは同社に関するあらゆるものに目を通した。だが、それらの情報源を読んでも、だれかが同社を再生しようとするというリスクは分からなかった。隠れたリスクを発見する役に立つ知的手段は、自らの結論が正しいためには、どの仮定が正しい必要があるかを理解しようとすることだ。

●**十分な知識があることとないことを把握せよ**　投資するときの最大の誤りが自分の知識を過大評価することである。コカ・コーラがその最たる例だった。だれもが同社を理解していると考えているが、実際に理解している者は極めて少ない。桁外れの投資家になるためには、事業を本当に理解している場合と本当に理解していない場合とを把握しなければならない。そのためには、重要な知り得ることのすべてを間違いなく把握するようにしなければならない。

ステップ5 —— 利益を最大化し、リスクを最少化する

　ステップ1〜4が完了したら、事業のリスク・リワード特性をしっかりと判断できる。そうしたら、最も大きな利益と最も小さいリスクを伴う株式を買いさえすればよい。これで終了である。桁外れの投資家と同じように、正しい投資判断を下すことができるようになるだろう。

マオ・イエのアドバイス

　私のファイナンスの指導教授であるマオ・イエはかつて、ファイナンスの勉強には4つのレベルがあると言った。1つ目はファイナンスのコンセプトを理解すること。2つ目は試験に合格すること。3つ目は大学のファイナンスの講義で学んだことを適用し、自らの財政状況を改善させること。4つ目は大学のファイナンスの講義で学んだことを人生全般に適用すること。本書の読者たちは1と3のレベルには到達しているだろう（私は読者に試験は課していないのでレベル2は無関係だ）。ほとんどの人々が本書のコンセプトを理解しているだろうし、願わくは、多くの人々がそれを用いて賢明な投資判断を下すだろう。しかし、マオ・イエが強調したとおり、ほとんどの人々が容易にレベル4に到達できない。つまり、ファイナンスのコンセプトを応用して、人生のその他の側面を改善することだ。しかし、私の考えでは、それらのコンセプトを人生に適用しないのは大きな損失である。人生に適用すれば、素晴らしいことができるのに。

　本書を通じて、私はいくつかの企業が失敗する運命にあるマーケティングキャンペーンを展開していることを何回か指摘した。どうして大学生が、何十億ドルもの価値を持つ大企業が展開する広告キャンペーンが本質的に失敗する運命にあるなどと主張できるか、不思議に思ったかもしれない。経験豊富なCMO（最高マーケティング責任者）が見落とした誤りをどうして彼が指摘できるのか、と。その答えは5分間のルーブリックにある。私は、広告が成功するために必要な最も重要な要件の5分間のルーブリックを持っていた。

私は、それらの企業の事実上すべての広告が要件をまったく満たしていないことを知っていた。そのため、私は、それらは失敗する運命にあると結論したのだ。私は正しかった。そして、CMOは間違っていた。

■著者紹介
ダニアル・ジワニ（Danial Jiwani）
ウォーレン・バフェットの投資哲学について執筆する作家であり、その思想的・リーダー的存在である。彼の著書は、世界中の1000億ドル超のヘッジファンドのCIO（最高運用責任者）、億万長者、個人投資家によく読まれており、20カ国以上で2万5000部以上売れている。フォックス、NBC、CBS、ザ・タイムズ、シカゴ・トリビューンなどの多くのメディアで取り上げられている。地域社会への恩返しのため、著者の処女作を支援する非営利団体「オーサーズ・オブ・トゥモロー」の役員を務めている。LinkedInは「Danial Jiwani」、Emailは「danial.jiwani@danialjiwani.com」。

■監修者紹介
長岡半太郎（ながおか・はんたろう）
放送大学教養学部卒。放送大学大学院文化科学研究科（情報学）修了・修士（学術）。日米の銀行、CTA、ヘッジファンドなどを経て、現在は中堅運用会社勤務。2級ファイナンシャル・プランニング技能士（FP）。『ルール』『その後のとなりの億万長者』『IPOトレード入門』『株式投資　完全入門』『知られざるマーケットの魔術師』『パーフェクト証券分析』『バリュー投資達人への道』『新版　バリュー投資入門』『鋼のメンタルトレーダー』『投資の公理』『株式市場のチャート分析』『ミネルヴィニの勝者になるための思考法』『アルゴトレード完全攻略への「近道」』『長期的投資の醍醐味「100倍株」の見つけ方』『株式投資のテクニカル分析補完計画』『無敵の「プライスアクション＋価格帯別出来高」FXトレード』『システムトレード　基本と原則【実践編】』『バフェットからの手紙【第8版】』『ロジャー・マレーの証券分析』『漂流アメリカ』『モンスター株の売買戦術』『証券分析 第6版』『隠れた「新ナンバーワン銘柄」を見つける方法』『マルチタイムフレームを使ったテクニカルトレード』など、多数。

■訳者紹介
藤原玄（ふじわら・げん）
1977年生まれ。慶應義塾大学経済学部卒業。情報提供会社、米国の投資顧問会社在日連絡員を経て、現在、独立系投資会社に勤務。業務のかたわら、投資をはじめとするさまざまな分野の翻訳を手掛けている。訳書に『なぜ利益を上げている企業への投資が失敗するのか』『株デビューする前に知っておくべき「魔法の公式」』『ブラックスワン回避法』『ハーバード流ケースメソッドで学ぶバリュー投資』『堕天使バンカー』『ブラックエッジ』『インデックス投資は勝者のゲーム』『企業に何十億ドルものバリュエーションが付く理由』『ディープバリュー投資入門』『ファクター投資入門』『実践　ディープバリュー投資』『M&A　買収者の見解、経営者の異論』『素晴らしきデフレの世界』『配当成長株投資のすすめ』『その後のとなりの億万長者』『株式投資　完全入門』『パーフェクト証券分析』『新版　バリュー投資入門』『投資の公理』『長期的投資の醍醐味「100倍株」の見つけ方』『長期的バリュー投資の基本と原則』『ロジャー・マレーの証券分析』『漂流アメリカ』『隠れた「新ナンバーワン銘柄」を見つける方法』（パンローリング）などがある。

2024年3月3日　初版第1刷発行

ウィザードブックシリーズ⑤

桁外れの投資家たち
── ほかのだれもやらない、成功した投資家たちだけがやっていること

著　者	ダニアル・ジワニ
監修者	長岡半太郎
訳　者	藤原玄
発行者	後藤康徳
発行所	パンローリング株式会社
	〒160-0023　東京都新宿区西新宿7-9-18　6階
	TEL 03-5386-7391　FAX 03-5386-7393
	http://www.panrolling.com/
	E-mail　info@panrolling.com
編　集	エフ・ジー・アイ（Factory of Gnomic Three Monkeys Investment）
装　丁	パンローリング装丁室
組　版	パンローリング制作室
印刷・製本	株式会社シナノ

ISBN978-4-7759-7325-7